«Bei einem gewöhnlichen Traum ist man nur ein Zuschauer vor der Leinwand. In einem bewusst erlebten Traum kann man jedoch die Aufgaben des gesamten Produktionsteams übernehmen und erlebt gleichzeitig die Entstehung des Filmes aus Sicht des Hauptdarstellers, während er gedreht wird. Lassen Sie mich erklären, wie das zu verstehen ist.»

Jens Thiemann lebt und arbeitet als selbständiger Webdesigner und Mediengestalter im Ruhrgebiet. Er studiert Psychologie und betreibt die Onlineplattform www.lebedeinentraum.tv, wo er unter anderem ein Seminar anbietet, das – auf dem aktuellen Stand der Forschung – Techniken zur Erreichung des Klartraumzustandes vermittelt und über die Geschichte und die Anwendungsmöglichkeiten des Klartraums informiert.

Jens Thiemann

KLAR-TRAUM

WIE SIE IHRE TRÄUME BEWUSST STEUERN KÖNNEN

ROWOHLT TASCHENBUCH VERLAG

5. Auflage April 2016

Originalausgabe
Veröffentlicht im Rowohlt Taschenbuch Verlag,
Reinbek bei Hamburg, Juli 2013
Copyright © 2013 by Rowohlt Verlag GmbH,
Reinbek bei Hamburg
Umschlaggestaltung ZERO Werbeagentur, München
(Foto: Evgeny Kuklev/Getty Images)
Gesamtherstellung CPI books GmbH, Leck, Germany
ISBN 978 3 499 62014 0

Für meine Eltern. Dank euch
erwache ich jeden Morgen
aus lebhaften Träumen in
ein traumhaftes Leben.

«Der Trick liegt
darin, beides zu verbin-
den, die Fähigkeit des Wachzustandes mit den diversen Möglichkeiten deiner Träume. Denn
wenn dir das gelingt, gibt es keine
Grenzen mehr.»

Richard Linklater,
«Waking Life»

INHALT

VORWORT 11

KAPITEL 1 – HINTERGRÜNDE 13
Eine kurze Geschichte des Klartraums **15**
Die Wissenschaft des Klartraums **17**
Wie ich ein Klarträumer wurde **22**
Der Weg zum Ziel **28**

KAPITEL 2 – GRUNDLAGEN 31
Das Nächtebuch **32**
Traum oder Wirklichkeit – Reality-Checks **43**

KAPITEL 3 – INDUKTION. KLARTRAUM-TECHNIKEN 57
Zwei Wege, ein Ziel **59**
«Ich werde erkennen, dass ich träume.» – MILD **60**
Der Wecker als Freund – Wake-Back-To-Bed **63**
Nickerchen mit Rhythmus – Rhythm Napping **67**
REM-Konditionierung **72**
Wach bleiben – WILD **74**
Traumlenkung ohne Klarheit – Trauminkubation **85**

KAPITEL 4 – ABENTEUER. TRÄUME GESTALTEN 97
Stufen der Klarheit **97**
Stabile Klarträume **101**
Positive Albträume **121**

Motorische Fähigkeiten trainieren   **132**
Acht Dinge, die jeder Klarträumer mal
   ausprobieren sollte   **140**

NACHWORT   153

LITERATUR   155

VORWORT

Was ist ein Klartraum? Wie kann man sich diesen Zustand vorstellen? Diese Frage wurde mir mittlerweile unzählige Male gestellt. Meist beginne ich mit der gängigen Definition: Es handelt sich dabei um einen Traum, in dem man sich klar darüber ist, dass man träumt. Diese Erkenntnis ermöglicht es, die Traumwelt bei vollem Bewusstsein zu erleben, wie im Wachzustand, und sie letztendlich auch gestalten zu können.

Oft folgt sofort die berechtigte Frage, wie es denn möglich sei, ein waches Bewusstsein zu haben, während man gerade schliefe. Das sei doch ein Widerspruch in sich.

Unter anderem dank der Forschungsarbeit der Psychologin Dr. Ursula Voss kann ich mittlerweile auch auf diese Frage eine klare Antwort geben. Im Schlaflabor konnte Dr. Voss nachweisen, dass während eines Klartraums zwar der Traumprozess weiterhin seinen gewohnten Lauf nimmt, zusätzlich jedoch auch der Teil des Gehirns aktiv wird, der für kognitive Prozesse, das heißt auch für die kritische Bewertung von Situationen, zuständig ist. Das Gehirn ist also durchaus in der Lage, diese zwei Bewusstseinszustände gleichzeitig zu verarbeiten, um so eine direkte Erfahrung unserer Träume zu ermöglichen.

Dieses Buch vermittelt die Hintergründe und Möglichkeiten des Klartraums, vor allem aber die nötigen Techniken und Methoden, die eine Integration des Wachbewusstseins in den Traum fördern. Schritt für Schritt begleite ich Sie durch den Lernprozess, damit Sie bald selbst die unglaubliche Erfahrung machen können, klar zu träumen.

KAPITEL 1
HINTERGRÜNDE

Vor einigen Jahren habe ich im *Focus* einen interessanten Artikel mit dem Titel «Träume: Kino im Hirn» gelesen. Darin wurde die Erinnerung, die wir an unsere Träume haben, mit einer privaten Filmvorstellung verglichen. Dieses Bild eignet sich hervorragend, um auch das Erlebnis eines Klartraums anschaulich zu beschreiben. Bei einem gewöhnlichen Traum ist man nur ein Zuschauer vor der Leinwand. In einem bewusst erlebten Traum kann man jedoch die Aufgaben des gesamten Produktionsteams übernehmen und erlebt gleichzeitig die Entstehung des Filmes aus Sicht des Hauptdarstellers, während er gedreht wird. Lassen Sie mich erklären, wie das zu verstehen ist.

In einem Klartraum befinden Sie sich als Star des Films ständig im Mittelpunkt des Geschehens. Gleichzeitig schreiben Sie aber auch am Drehbuch. Sie können Dialog und Handlung improvisieren, da Sie nach freiem Willen handeln, wie Sie es aus dem wachen Leben gewohnt sind. Sie sind dabei jedoch nicht an die Regeln der Physik und Logik gebunden, denn Sie entscheiden auch über das Genre des Filmes. Ob gefühlsgeladene Romanze, explosiver Actionfilm, Science-Fiction oder Fantasy: Wie in Hollywood ist alles möglich, was innerhalb der Vorstellungskraft liegt. Wenn Sie möchten, übernehmen Sie zudem die Rolle des Szenenbildners, Casting Directors und Requisiteurs, da Sie die Umgebung beliebig verändern und Personen oder Objekte nach Wunsch in den Traum integrieren können. Ihr inneres Auge übernimmt währenddessen die Funktion der Kamera und Ihre gelenkten Blicke die des Kameramanns. In der Rolle des Produzenten entscheiden Sie schließlich, welche dieser Aufgaben Sie selbst in die Hand nehmen und welche Sie weiterhin von Ihrem Unterbewusstsein erledigen lassen.

Im Prinzip entsteht also aus der Kombination der grenzenlosen Möglichkeiten des Traumzustandes mit Ihrem wachen Bewusstsein in jedem Klartraum eine neue Verfilmung Ihrer eigenen Phantasie, die Sie zeitgleich nicht nur in 3-D, sondern unterstützt von all Ihren Sinneswahrnehmungen und Gefühlen genießen können. Das Beste ist, dass Sie nicht einmal Ihre Freizeit opfern müssen, um dieses Kino zu besuchen. Ganz im Gegenteil, Sie gewinnen sogar ein Stück bewusst erfahrener Lebenszeit zurück.

Sie fragen sich jetzt vielleicht, warum Sie noch nie etwas von diesem Thema gehört haben. Das liegt wohl zum Teil daran, dass Träumen allgemein, gerade in der westlichen Welt, heute zu wenig Beachtung geschenkt wird. Luzides Träumen ist jedoch tatsächlich eine bereits seit Tausenden von Jahren bekannte natürliche Fähigkeit, die nicht nur die moderne Wissenschaft in den letzten Jahrzehnten erst wieder neu für sich entdecken musste.

EINE KURZE GESCHICHTE DES KLARTRAUMS

Zunächst möchte ich Ihnen einen Überblick darüber geben, wie sich das Wissen über den bewusst erlebten Traumzustand im Laufe der Geschichte entwickelt hat. Eine kleine Geschichtsstunde, die Sie in leicht verdaulicher Form mit den wichtigsten historischen Fakten vertraut macht, wird Ihre Motivation, selbst ein Klarträumer zu werden, noch steigern.

Circa 3000 v. Chr. Das «Vigyan Bhairav Tantra», eine hinduistische Schrift, enthält Hinweise auf luzides Träumen. Der Text versammelt 112 verschiedene Meditationstechniken. In einer davon heißt es: «Mit erspürbarem Atem in der Mitte der Stirn: Sobald er das Herz erreicht, im Augenblick des Schlafes, hast du Gewalt über die Träume und selbst über den Tod.» Anhänger der tibetanischen Bön-Religion behaupten sogar, dass bewusst erlebte Träume schon vor über 12 000 Jahren ein fester Bestandteil der traditionellen Meditationstechniken waren.

350 v. Chr. In der westlichen Welt findet sich erst Jahrtausende später ein stichhaltiger Beweis dafür, dass das Konzept des Klartraums auch in unseren Breiten schon länger bekannt ist. Aristoteles beschreibt in seiner Abhandlung «Über Träume», dass es manchmal während des Schlafes eine bewusste Erkenntnis darüber gäbe, dass man gerade nur einen Traum erlebe.

15

4. Jh. n. Chr. Einige Jahrhunderte später verfasst der Philosoph Augustinus von Hippo einen Brief, in dem er detailliert von einem Klartraum berichtet. Er sieht ihn als Beweis dafür, dass es ein Leben nach dem Tod geben müsse.

8. Jh. n. Chr. Zu Beginn des achten Jahrhunderts entwickelt sich im Buddhismus eine Form von Yoga, die einzig und allein darauf ausgelegt ist, Klarträume gezielt herbeizuführen. Die Lehren des Traumyoga betonen, dass uns durch bewusstes Erleben von Träumen die Angst vor irrealen Phänomenen, die wir etwa im gewöhnlichen, unbewussten Traum, aber auch bei einer Nahtoderfahrung durchleben, genommen werden kann.

17. Jh. Der berühmte französische Philosoph und Mathematiker René Descartes schreibt in seinen privaten Notizen, den heute nur noch teilweise erhaltenen «Olympica», von seinen Erfahrungen mit bewusst erlebten Träumen.

Sein Biograph Adrien Baillet erzählt über einen von Descartes' Träumen: «Bemerkenswert muss es erscheinen, dass, während er noch im Zweifel war, ob das, was er soeben gesehen hatte, Traum oder Vision sei, er nicht nur im Schlafe entschied, dass es ein Traum war, sondern noch ehe der Schlaf ihn verließ, die Auslegung des Traumes vornahm.»

17. Jh. Einen umfangreichen Bericht über seine Klarträume liefert uns der englische Philosoph und Dichter Thomas Browne. Er war anscheinend fasziniert von den Möglichkeiten, die die Welt der luziden Träume eröffnet. In seinem Werk «Religio Medici» behauptet Browne, über eine ausgeprägte Fähigkeit zur Traumkontrolle zu verfügen: «... in einem anderen Traum kann ich jedoch eine ganze Komödie schreiben, sie vor mir sehen, den Witz begreifen und mich bei dieser Vorstellung aus dem Schlafe lachen!»

1867 Der französische Sinologe und Traumforscher Léon d'Hervey de Saint-Denys schreibt seine Abhandlung «Les Rêves et les moyens de les diriger; observations pratiques» (Träume und die Mittel sie zu lenken; praktische Beobachtungen). Darin stellt er erstmals die Theorie auf, dass luzides Träumen eine für jeden Menschen erlernbare Fähigkeit sei. Sein Werk basiert auf über zwanzig Jahren Traumforschung und macht ihn zu einem der Pioniere im Bereich des bewussten Träumens.

1913 In seinem Artikel «Eine Studie des Traums» verwendet der niederländische Psychiater und Autor Frederik van Eeden erstmals den Begriff «luzides Träumen». Obwohl diese Bezeichnung seitens der Wissenschaft aufgrund ihres unpräzisen Charakters oftmals auf Kritik stößt, hat sie sich dennoch heute umgangssprachlich neben «Klartraum» als gängige Bezeichnung etablieren können.

DIE WISSENSCHAFT DES KLARTRAUMS

Ein wachsendes Interesse für luzides Träumen seitens der modernen Wissenschaft entsteht 1968 mit der Veröffentlichung von «Lucid Dreams» der britischen Autorin Celia Green. Ihr

Werk macht luzide Träume zum ersten Mal zum Gegenstand wissenschaftlicher Untersuchung. Und das in einer Zeit, in der Philosophen und Psychologen der Thematik noch mit großer Skepsis begegneten. Green veröffentlichte ihr Buch in der Hoffnung, auf diesem Wege ein allgemeines Interesse und nicht zuletzt finanzielle Unterstützung für die Klartraumforschung zu generieren. Ihre Forschung basierte weitestgehend auf gesammelten Berichten von erfahrenen Klarträumern und den Ergebnissen einer eigenen Studie mit vier qualifizierten Testpersonen.

Green war die Erste, die einen direkten Zusammenhang sah zwischen Klarträumen beziehungsweise dem Phänomen des «falschen Erwachens» und dem sogenannten REM-Schlaf. Bei einem falschen Erwachen denkt der Träumer, er sei bereits aufgewacht, hat jedoch sein Erwachen nur geträumt und merkt oft kurze Zeit später, dass er sich noch in einem Traum befindet. Diese Erkenntnis kann zu einem Klartraum führen, in der Regel wacht der ungeübte Träumer jedoch unmittelbar danach auf.

Der direkte Zusammenhang zwischen REM-Schlaf und Träumen wurde erstmals 1952 an der Universität von Chicago entdeckt. Wir verbringen im Durchschnitt etwa ein Viertel unseres Schlafes, zwischen 90 und 120 Minuten, in diesem Zustand. Die Gesamtdauer des REM-Schlafes ist dabei in der Regel in vier bis fünf Phasen aufgeteilt, die zu Beginn der Nacht relativ kurz, gegen Morgen jedoch immer länger andauern. Unser Körper befindet sich während dieser Zeit in der sogenannten Schlafparalyse (auch Schlafstarre oder Schlaflähmung), die verhindert, dass unser Gehirn die Signale von geträumten Bewegungen an unsere Muskeln weiterleitet. Die einzigen Teile des Körpers, die von dieser wichtigen Schutzfunktion nicht beeinflusst werden, sind unsere Augen und die für die Atmung verantwortliche Muskulatur. Die Augen bewegen sich in den REM-Phasen deutlich erkennbar unter den geschlossenen Augenlidern. REM steht für «Rapid Eye Movement», zu Deutsch «schnelle Augenbewegung». Green vermutete, dass eine simple Form von Kommunikation zwischen Träumer und wachem Beobachter möglich sein könnte, sollten die sichtbaren Augenbewegungen tatsächlich den Bewegungen im Traum entsprechen.

Jahre später lieferte der britische Psychologe Keith Hearne im Zuge seiner Doktorarbeit schließlich den spektakulären Beweis für Greens Thesen. Dies gelang ihm, indem er ein klar definiertes Bewegungsmuster mit einer Testperson vereinbarte, welches diese dann unter Beobachtung im Schlaflabor im nächsten Klartraum reproduzierte. Die Augenbewegungen fungierten so als eine Art Morsecode zwischen Traumwelt und Realität. Ein gewisser Alan Worsley, der sich für diesen Versuch zur Verfügung stellte, wurde so im April 1975 zum ersten Menschen, der unter kontrollierten Bedingungen erfolgreich ein Signal aus der Traumwelt an sein waches Umfeld sendete. Damit war nicht nur der Zusammenhang zwischen REM-Schlaf und Klarträumen nachgewiesen, sondern auch Greens Vermutung, dass eine messbare Kommunikation möglich sei.

Noch bevor diese Beobachtungen veröffentlicht wurden, bestätigte der amerikanische Psychologe Dr. Stephen LaBerge mittels eines unabhängig durchgeführten, ähnlichen Versuches die Ergebnisse Hearnes. Er machte sich ebenfalls die Augenbewegungen im REM-Schlaf zunutze, um wiederholt erfolgreich zuvor vereinbarte Signale aus der Traumwelt zu registrieren. Seine Experimente dokumentierten so die erste wissenschaftlich nachgewiesene, von unabhängigen Experten bestätigte Verbindung zur Traumwelt. Seine Resultate lieferten den endgültigen Beweis, dass der Träumer in der Lage ist, bewusste Kontrolle über den Traumzustand zu erlangen.

Stephen LaBerge gründete nach jahrelanger, intensiver Forschung schließlich 1987 das *Lucidity Institute*. Ziel der Einrichtung ist es, die von ihm entwickelten Techniken zum Erlernen und Einleiten von Klarträumen auszuarbeiten und weitere Forschung in diesem Bereich anzuregen. LaBerge gilt heute als die wohl einflussreichste Persönlichkeit im Bereich der wissenschaftlichen Klartraumforschung, und sein Beweis für die Existenz und Erlernbarkeit von Klarträumen inspirierte zahlreiche Wissenschaftler dazu, sich wieder intensiv diesem Zweig der Traumforschung zu widmen.

Lange bevor Hearne und LaBerge den wissenschaftlichen Beweis lieferten, dass es möglich ist, Träume bei vollem Bewusstsein zu erleben, gab es einen weiteren, eher unfreiwilligen Pionier auf diesem Gebiet.

Kann es sein, dass ich gerade träume?
Der deutsche Gestaltpsychologe Paul Tholey wollte 1959 eigentlich beweisen, dass wir unsere Träume in Farbe wahrnehmen. Er wollte sich dabei jedoch nicht auf die reine Erinnerung an seine eigenen Träume verlassen, da diese ihm viel zu lückenhaft erschien und er nicht ausschließen konnte, dass die optischen Eindrücke erst während des Erinnerungsprozesses ihre Farbe bekamen. Er fragte sich daher bald, ob eine direkte, kritische Betrachtung innerhalb des Traumzustandes möglich sei.

Um diese Frage zu beantworten, begann er damit, sich regelmäßig im Laufe des Tages die Frage zu stellen, ob er gerade wach war oder träumte. Er erhoffte sich davon, dass diese kritische Hinterfragung der subjektiv erlebten Realität früher oder später auch in seinen Träumen zur Gewohnheit werden würde. Nach einiger Zeit intensiver Übung sollte sich diese Theorie schließlich bewahrheiten und Tholey fand sich bei vollem Bewusstsein in seinem Traum wieder.

Er verfügte nun über ein geeignetes Werkzeug, um den Traumzustand aus eigener direkter Erfahrung untersuchen zu können. Er bildete bald mit Hilfe seiner Methode, die heute als Reflexions-Technik bezeichnet wird, eine Gruppe Studenten in dieser neuen Art des Träumens aus und begann, während seiner Professur an der Universität Frankfurt, den Traumzustand wissenschaftlich gemäß der Gestalttheorie zu untersuchen.

Tholey wurde schnell klar, dass die Regeln und Möglichkeiten der Traumwelt sich drastisch von denen des wachen Lebens unterschieden. Er berichtete davon, im Klartraum unter anderem die Zeit beschleunigen oder verlangsamen zu können oder mit Leichtigkeit der Schwerkraft zu trotzen. Er erkannte, dass es während eines Klartraums nicht nur möglich war, sich detailliert an das wache Leben zu erinnern, sondern auch an die Träume vergangener Nächte. Er fand heraus, dass die kognitiven Fähigkeiten des Träumers das Lösen von Rechenaufgaben ermöglichten und teilweise auch komplexe logische Probleme entschlüsselt werden konnten, die im Wachzustand zuvor für Kopfzerbrechen gesorgt hatten. Im Zuge seiner Forschung zeigte sich sogar, dass Traumcharaktere ebenfalls über eigene kognitive und künstlerische Fähigkeiten zu verfügen schienen, die denen des Träumers mindestens ebenbürtig waren, während die mathematische Begabung der Traumfiguren wiederum zu wünschen übrig ließ.

Mit wachsendem Verständnis der Eigenschaften bewusst erlebter Träume entwickelte Tholey ständig neue Methoden, um die Dauer, Stabilität und den Grad der Kontrolle in seinen Klarträumen weiter auszubauen. Er veröffentlichte im Laufe seiner Karriere unzählige Aufsätze und Bücher, allen voran sein wohl bekanntestes Werk «Schöpferisch träumen». Auf diesem Wege teilte er seine Faszination fürs Klarträumen mit einem breiten Publikum und leistete, bis zu seinem Tod im Jahr 1998, einen wichtigen Beitrag in der Klartraumforschung.

Sie haben nun einige der wichtigsten Pioniere auf dem Gebiet der Klartraumforschung kennengelernt und einen groben Überblick über deren Arbeit bekommen. Die aktuelle Forschung wird im Zuge der Erläuterung der verschiedenen Techniken zur Induktion von Klarträumen immer wieder eine Rolle spielen.

WIE ICH EIN KLARTRÄUMER WURDE

Bevor wir zum praktischen Teil kommen und uns mit den ersten Schritten auf Ihrem Weg zum ersten Klartraum beschäftigen, möchte ich noch kurz erzählen, wie ich selbst zum Klarträumer wurde.

Alles begann lange bevor ich überhaupt wusste, was ein Klartraum ist. In meiner frühen Kindheit plagte mich eine unglaubliche Angst vor der Dunkelheit, und ein Leben ohne mein treues Pluto-Nachtlicht war unvorstellbar. Meine Furcht resultierte jedoch leider auch in ständig wiederkehrenden Albträumen, in denen mir kein schummrig leuchtender Cartoon-Hund zur Seite stand, um mir ein Gefühl von Sicherheit zu vermitteln.

Ich träumte jedes Mal, dass ich aus einem völlig harmlosen Szenario aufwachte und in meinem Bett lag, umgeben von nahezu vollkommener Dunkelheit, die mich gerade eben die groben Umrisse meines Kinderzimmers erkennen ließ. Heute weiß ich, dass dieses Phänomen als falsches Erwachen bezeichnet wird und weit verbreitet ist. Das hätte mich damals aber wohl kaum trösten können, denn was folgte, war die Definition meiner Angst.

Ich sah mich verzweifelt nach Pluto um und wurde sofort von einer Welle der Panik erfasst. Ich tastete nach dem Lichtschalter meiner Nachttischlampe, und die Sekunden, die ich dafür brauchte, fühlten sich wie Minuten an. Als ich ihn endlich in Händen hielt, musste ich jedoch feststellen, dass er nicht funktionierte. Es dauerte dann meist ein wenig, bis ich genug Mut aufbrachte, zum Wandschalter auf der gegenüberliegenden Seite meines Zimmers zu rennen, der jedoch ebenfalls nie funktionierte.

Zu diesem Zeitpunkt begann ich damit, verzweifelt um Hilfe zu schreien, und tastete mich dabei hastig in Richtung des Schlafzimmers meiner Eltern vor. Dort angekommen wurde ich jedoch mit der Tatsache konfrontiert, dass ich völlig auf mich allein gestellt war. Die bereits unglaublich intensive Panik wich einem noch viel schrecklicheren Gefühl, das ich bis heute nicht in Worte fassen kann. Es löste einen regelrechten Amoklauf durch das gesamte Haus aus, bei dem ich jeden Lichtschalter mit zitternden Händen ausprobierte, nur um ständig aufs Neue enttäuscht zu werden. Das tat ich so lange, bis ich schließlich schweißgebadet aufwachte.

Mit ein wenig Glück endete damit meine Tortur, oft war ich jedoch von einer Schlafparalyse gelähmt und konnte mich nicht bewegen. Diese natürliche Schutzfunktion, die normalerweise bereits abgeklungen ist, bevor man aufwacht, sorgte dann für weitere Minuten schierer Panik, bis ich endlich meinen Körper bewegen konnte und entweder von Pluto oder der bereits aufgegangenen Sonne angelächelt wurde. Das Ganze widerfuhr mir oft mehrmals pro Woche und half logischerweise nicht gerade dabei, meine Angst vor der Dunkelheit zu überwinden. Im Gegenteil, die Albträume wurden langsam, aber kontinuierlich intensiver, und niemand konnte mir dabei helfen, sie loszuwerden.

Nach einem langanhaltenden Albtraum, gefolgt von einer besonders intensiven Schlaflähmung, lag ich eines Nachts wieder rastlos und verzweifelt in meinem Bett. Die Angst vor einem weiteren Traum ließ mich nicht mehr einschlafen, und ich beschloss, mich nicht länger dagegen zu wehren, professionelle Hilfe aufzusuchen. Nach einiger Zeit fiel ich dann aber trotzdem meiner Müdigkeit zum Opfer, nur um schon bald wieder mit dem altbekannten Schreckensszenario konfrontiert zu werden.

Doch dieses Mal hatte sich etwas verändert. Ich versuchte, den Lichtschalter zu betätigen, jedoch reagierte ich auf den vermeintlichen Defekt diesmal nicht mit Panik, sondern mit dem unheimlich klaren Gedanken, dass ich nur ein weiteres Mal meinen Albtraum durchlebte. Mit diesem beruhigenden Wissen bewaffnet, schloss ich meine Augen und dachte an die Sonne, die am Morgen mein Zimmer wieder mit Licht fluten würde. Als ich meine Augen wieder öffnete, war es plötzlich taghell in meinem Zimmer, und meine Mutter brachte mir mein Lieblingsfrühstück ans Bett. Ein Luxus, der mich hätte misstrauisch stimmen sollen. Ich nahm zufrieden den ersten Bissen und war glücklich, dass ich die Nacht überstanden hatte. In diesem Moment wachte ich wieder in einer Schlafstarre auf.

Ich war einen Moment lang verwirrt und wütend, bis ich die Sonne auf meiner Haut spürte. Nach kurzer Zeit öffnete ich langsam meine Augen, und mit dem Anblick des ersten Sonnenstrahls überkam mich ein Gefühl der Euphorie, das ich in dieser Intensität noch nie zuvor erlebt hatte. Ich rannte in das Schlafzimmer meiner Eltern und erzählte hektisch, dass ich «die Sonne gesteuert» hätte, um meinen «Albtraum zu verscheuchen». Meine Eltern sahen mich entsprechend verwirrt, aber glücklich darüber, dass ich offensichtlich meine Ängste überwunden hatte, an, und ich verlangte umgehend nach meinem Lieblingsfrühstück. Ich wusste es damals noch nicht, aber an diesem Morgen hatte meine Reise in die Welt der Klarträume begonnen. Von Pluto nahm ich aber trotzdem erst Monate später schweren Herzens Abschied.

Seit dieser Nacht boten mir meine Albträume plötzlich ungeahnte Möglichkeiten. Ich verstand anscheinend intuitiv, dass defekte Lichtschalter immer nur das eine bedeuten konnten: Ich befinde mich in einem Traum – und so gelang es mir ständig aufs Neue, mein Bewusstsein im Traum zu erlangen. Es dauerte nicht lange, bis ich herausfand, dass ich meine Umgebung unter Kontrolle bringen konnte, und ich ließ fortan meiner Phantasie freien Lauf.

Heute habe ich nur noch einzelne Erinnerungsfetzen an diese Träume, was mir jedoch beweist, dass sie wohl einen bleibenden Eindruck hinterlassen haben. Ich behielt diese

Fähigkeit lange Zeit für mich, da ich noch nie davon gehört hatte, dass so etwas überhaupt möglich ist und die Angst groß war, dass man mich für verrückt halten würde. Es blieb also mein kleines Geheimnis, bis die Albträume schließlich komplett verschwunden waren und ich nur noch sehr selten jenen Zustand erlebte, den ich damals in Gedanken meine «selbstgemachten Träume» nannte.

Mein zweites Erwachen

Jahre später begann ich jedoch schließlich damit, jeden Fetzen Wissen aufzusaugen, der mir in die Finger geriet, und es verging selten ein Tag, an dem ich nicht zumindest über das luzide Träumen nachdachte. Stephen LaBerge, Paul Tholey und Co. schenkten mir bald einen tiefen Einblick in die Thematik, und die angeregte Diskussion unter Gleichgesinnten aus jeder Ecke des Planeten, die das Internet ermöglichte, lieferte mir neue interessante Perspektiven und Ideen. Meine Fähigkeit entwickelte sich bald bis zu einem Punkt, an dem ich praktisch nach Wunsch Klarträume auslösen konnte. Auch die Intensität meiner Träume und der Grad an Kontrolle, den ich bald auf sie ausübte, ließen mich ständig neue Erfahrungen machen, die ich nie zuvor für möglich gehalten hätte.

Das Schönste an diesem Hobby, wenn man es zu diesem Zeitpunkt noch als solches bezeichnen konnte, war die Tatsache, dass ich nicht mal meine Freizeit dazu opfern musste. Ganz im Gegenteil, ich gewann sogar ein Stück bewusst erlebter Zeit zurück, die mir sonst im Schlaf entgangen wäre. Das erlaubte es mir, selbst in den stressigsten Phasen meines Lebens fast jede Nacht einen Moment durchzuatmen, während ich die Erfahrungen, die das Wunder unseres Bewusstseins ermöglicht, in vollen Zügen genoss.

Mit wachsender Erfahrung entdeckte ich schließlich, dass ich die Zeit im Traum auch durchaus produktiv nutzen konnte. Ich schaffte es mit dem nötigen Einsatz zum Beispiel, Ängste zu überwinden, verblüffende Einsichten über mich selbst und mein Privatleben zu erlangen oder kreative Lösungen für die Probleme zu finden, die mich und meine Liebsten beschäftigten. Bald machte sich auch im wachen Leben ein positiver Effekt bemerkbar, der mir die Augen öffnete und die Welt um mich herum in einem völlig neuen Licht erstrahlen ließ. Ich möchte fast sagen, dass ich dank meiner Klarträume einen großen Teil der kindlichen Neugier zurückgewinnen konnte, die leider die meisten von uns schon viel zu früh verlieren.

Gleichzeitig musste ich jedoch feststellen, dass Berichte meiner nächtlichen Abenteuer in meinem unmittelbaren Umfeld oft nur mit schiefen Blicken beantwortet wurden. Zunächst entschärfte ich meine Beschreibungen ein wenig, in dem verzweifelten Versuch, sie vielleicht ein wenig leichter verdaulich zu machen. Diese Zensur brachte jedoch nicht den gewünschten Erfolg, was dazu führte, dass ich bald nur noch mit meinen engsten Freunden und Teilen meiner Familie darüber redete. Ich erkannte allmählich, dass die allgemeine Bekanntheit dieser Thematik nicht mal ansatzweise in einem proportionalen Verhältnis zu meiner eigenen Faszination stand.

Diese Erkenntnis inspirierte mich schließlich dazu, Anfang 2010 die Domain *www.lebedeinentraum.tv* zu registrieren, in der Hoffnung, einen kleinen Beitrag in der Aufklärungsarbeit leisten zu können. Eine Entscheidung, die es schließlich ermöglichen sollte, dass Sie nun diese Zeilen lesen können.

Ich überlegte mir ein geeignetes Konzept und entschloss mich, einige leichtverdauliche Lehrvideos zu produzieren. Mein Ziel war es, Anfängern dabei zu helfen, sich dem Thema möglichst bequem zu nähern, ohne dabei gleich von der schieren Masse vorhandener Informationen erschlagen zu werden. Der so entstandene «Crashkurs» auf *YouTube* und ein intensives Videoseminar erfreuten sich, gemessen an der immer noch relativ kleinen Interessengruppe, wachsender Beliebtheit, und ich lernte auf diesem Wege viele interessante Menschen kennen, die meine Begeisterung für das Thema teilten.

DER WEG ZUM ZIEL

Mein Ziel ist es, Sie mit nützlichem Praxiswissen zu versorgen, damit Sie bald selbst die Erfahrung bewusst erlebter Träume machen können. Ich werde Sie in diesem Lernprozess vom ersten Schritt an begleiten und zeigen, wie Sie schnellstmöglich regelmäßige, langanhaltende Klarträume erleben werden und Ihren Einfluss auf die Traumwelt ständig weiter ausbauen können.

Dazu werden wir zunächst ein solides Fundament schaffen, uns dann mit bestimmten Techniken beschäftigen, die es ermöglichen, luzide Träume nach Wunsch einzuleiten und schließlich lernen, einen unglaublichen Grad an Kontrolle über diesen Bewusstseinszustand zu erlangen. Wenn Sie diesen Anweisungen diszipliniert und regelmäßig folgen, wird sich Ihnen so schon bald eine völlig neue Welt offenbaren.

Ich werde oft gefragt, wie lange es dauert, bis man den ersten Klartraum erlebt. Aufgrund verschiedenster Faktoren, die darauf Einfluss haben können, gibt es leider keine allgemeingültige Antwort auf diese Frage. Bei manchen klappt es innerhalb der ersten Nächte, die meisten brauchen etwa zwei bis vier Wochen, einige jedoch auch deutlich länger. Dabei kommt es vor allem darauf an, wie diszipliniert, routiniert und engagiert Sie die folgenden Konzepte umsetzen. Zudem kann es psychologisch von großem Vorteil sein, wenn Sie bereits ein festes Ziel vor Augen haben, was Sie letztendlich mit dieser vielseitigen Fähigkeit anfangen wollen.

Warum will ich klar träumen?
Stellen Sie sich vor, Sie könnten bereits einen Klartraum einleiten, wann immer Sie es wünschen. Man kann natürlich erst mal eine ganze Menge Spaß haben. Früher oder später wollen Sie aber sicher auch mit den produktiveren Möglichkeiten dieser Fähigkeit experimentieren. Es ist zum Beispiel möglich, gezielt an sozialen Fähigkeiten zu arbeiten, Bewegungsabläufe der Lieblingssportart zu trainieren, hartnäckige Ängste oder wiederkehrende Albträume zu überwinden oder die Tiefen des eigenen Bewusstseins zu erforschen. Die Möglichkeiten sind letztendlich unbegrenzt. Deshalb sollten Sie sich jetzt einmal Gedanken darüber machen, was Ihnen persönlich am wichtigsten ist. Formulieren Sie dann eine individuelle Zielsetzung, die Ihnen im Laufe des Lernprozesses eine dauerhafte Motivation sein wird.

Wenn Sie für sich ein klares Ziel definiert haben, bleibt mir nur noch, erneut darauf hinzuweisen, dass Sie ein wenig Geduld und Disziplin aufbringen müssen, wenn Sie sich nun mit mir zusammen auf den spannenden Weg in Richtung Traumwelt begeben. Jede lohnenswerte Kunst bringt einen entsprechenden Lernaufwand mit sich, und selbst wenn Sie zunächst keine großen Fortschritte erkennen sollten, dürfen Sie auf keinen Fall verzweifeln. Gerade während der Entwicklung einer rein geistigen Fähigkeit können diese nämlich zunächst nur sehr subtil oder auch völlig unterbewusst auftreten und sich so eine Zeitlang der objektiven Betrachtung entziehen. Ich wünsche Ihnen jetzt viel Erfolg und hellwache Träume!

KAPITEL 2
GRUNDLAGEN

Sie kennen nun die wichtigsten Hintergründe und sind sicher hochmotiviert, bald selbst den ersten Klartraum zu erleben. Ich werde Ihnen im Folgenden Schritt für Schritt erklären, was Sie tun müssen, um dieses Ziel zuverlässig und möglichst zeitnah zu erreichen.

In diesem Kapitel geht es um drei Elemente. Sie bauen logisch aufeinander auf und leisten einen großen Beitrag dazu, gleich von Beginn an die besten Voraussetzungen zu schaffen.

1. Sie werden lernen, sich konstant und detailliert an Träume zu erinnern, um ein klares Bild von den Besonderheiten und Eigenschaften Ihrer individuellen Traumwelt zu bekommen.

2. Mit Hilfe der so gewonnenen Informationen entwickeln Sie dann ein Verständnis dafür, wie sich Ihre Erfahrungen im Wach- und Traumzustand voneinander unterscheiden.

3. Das Wissen über diese Unterschiede werden Sie schließlich dazu nutzen, um fortan die Realität des Alltags kritisch zu hinterfragen. Sobald diese kritische Haltung zur Gewohn-

heit geworden ist, ist es nur eine Frage der Zeit, bis sie sich automatisch auch auf den Traumzustand überträgt und so die Erkenntnis ermöglicht, dass Sie träumen.

Eine disziplinierte Umsetzung dieses Dreischritts schafft bereits gute Voraussetzungen dafür, früher oder später den ersten Klartraum zu erleben. Bleiben Sie also geduldig, und ich verspreche Ihnen, dass Sie schon bald die ersten Erfolge verzeichnen können.

DAS NÄCHTEBUCH

Um eine dauerhafte Verbindung zur Welt der Klarträume zu etablieren, ist das systematische Beobachten und Dokumentieren Ihrer persönlichen Traumwelt von größter Bedeutung. Das effektivste Werkzeug hierfür ist ein strukturiertes Protokoll Ihrer Träume in der Art eines «Tagebuchs der Träume», welches ich im Weiteren als *Nächtebuch* bezeichnen werde. Das Prinzip sollten Sie bereits erahnen (oder fürchten, wenn Sie, wie auch ich selbst, eher zu den schreibfaulen Menschen gehören): In Ihrem Nächtebuch werden Sie zukünftig regelmäßig die Erinnerungen an Ihre Träume, so detailliert wie möglich, schriftlich festhalten.

Stärkung des Traumgedächtnisses
Der wohl deutlichste Effekt des Nächtebuches ist die Verbesserung Ihres *Traumgedächtnisses*. Weite Teile der Bevölkerung

erinnern sich in unserer zunehmend hektischen, komplexen Welt und den sich daraus ergebenden zahlreichen Ablenkungen nur noch sehr selten daran, was sie in der Nacht zuvor geträumt haben. Es ist jedoch ein weitverbreitetes Missverständnis, daraus zu schließen, dass einfach gar nicht geträumt wurde. In der Regel träumen wir nämlich mehrmals in jeder Nacht, uns fehlt nur oft die Erinnerung daran. Glücklicherweise kann man das Traumgedächtnis sehr effektiv trainieren.

Die meisten routinierten Klarträumer können sich jeden Morgen sehr detailliert an zahlreiche Träume erinnern und haben es gelernt, auch aus einzelnen Traumfetzen ganze Handlungsstränge zu rekonstruieren. Sollten Sie also zu denjenigen gehören, die zurzeit nur sehr selten mit einer klaren Erinnerung gesegnet sind, wird das Nächtebuch Ihr bester Freund werden, um an diesem, zumindest für den Einstieg in die Welt der Klarträume problematischen Defizit zu arbeiten.

Durch die Arbeit an Ihrem Traumgedächtnis stellt sich ein weiterer, sehr positiver Effekt ein. Sie beginnen nämlich automatisch damit, wieder einen starken persönlichen Bezug zu Ihren Träumen herzustellen. Sie lernen nach und nach die Eigenschaften, Regelmäßigkeiten und Handlungsmuster kennen, die Ihre Traumwelt ausmachen.

Mit fortlaufender Protokollierung wird deutlich, wie Ihr Alltag die Inhalte Ihrer Träume beeinflusst, und zwischen zwei zuvor scheinbar unabhängigen Bereichen erkennen Sie mit der Zeit offensichtliche, direkte Verbindungen. Dies wird in Zukunft besonders wichtig, wenn wir uns mit der für das Klarträumen sehr wichtigen kritischen Beobachtung Ihres alltäglichen Wachzustandes beschäftigen, aber dazu später mehr.

Persönliche Traumzeichen

Sobald Sie eine gewisse Anzahl an Träumen niedergeschrieben haben, können Sie aus dem Nächtebuch individuelle Traumzeichen herausarbeiten. Das sind ständig wiederkehrende Muster innerhalb der persönlichen Traumwelt. Sie werden der Schlüssel dazu sein, Bewusstsein innerhalb eines Traums zu erlangen, indem Sie sich angewöhnen, unterbewusst nach diesen Zeichen Ausschau zu halten – selbst während Sie tief und fest schlafen.

Ich habe zum Beispiel erkannt, dass ich in meinen Träumen oft ein bestimmtes Ziel verfolge, nur um dabei ständig von bekannten und unbekannten Personen auf verschiedenste Weise davon abgelenkt zu werden, dieses auch zu erreichen. Nachdem ich es mir angewöhnt hatte, im Alltag solche Situationen zu identifizieren und mir dabei ständig klarmachte, dass diese charakteristisch für meinen Traumzustand sind, übertrug sich diese Denkweise auch in den Traumschlaf und half mir, unzählige Klarträume auszulösen.

Ich hoffe, ich konnte verdeutlichen, wie hilfreich und wichtig das Nächtebuch ist. Probieren Sie es einfach mal eine Zeitlang diszipliniert aus. Wenn Sie ein wirklich solides Fundament für regelmäßige Klarträume schaffen wollen, können Sie Ihre Zeit nicht sinnvoller investieren.

Vorbereitung

Das Nächtebuch kann in digitaler oder analoger Form geführt werden. Beides hat Vor- und Nachteile, auf die ich kurz eingehen möchte. Eine Textdatei auf dem Computer bietet die Möglichkeit, die gesamte Traumbibliothek sekundenschnell zu durchsuchen, Querverweise zu erstellen und mit den verschiedensten Formatierungen für Übersichtlichkeit zu sorgen. Wenn Ihr PC aber nicht 365 Tage im Jahr ohne Pause vor sich hin rechnen sollte, kann sich eine Hemmschwelle bilden und Sie könnten schnell die Lust verlieren, vor jedem noch so kleinen Eintrag, manchmal mitten in der Nacht, erst einmal Ihre Textverarbeitung aufzurufen. Ein gutes altes Notizbuch ist dagegen schnell zur Hand genommen und sofort einsatzbereit, hat jedoch den Nachteil der Unüberschaubarkeit, wenn die Zahl der Einträge wächst.

Ich kombiniere daher beides, indem ich mir zunächst handschriftliche Notizen mache und diese im Anschluss detailliert in eine – mittlerweile sehr umfangreiche – Textdatei übertrage. Das ist zwar zeitintensiv, liefert aber aus eigener Erfahrung auch die besten Ergebnisse. Viel wichtiger als diese erste Entscheidung ist es jedoch, einfach anzufangen!

Richtig einschlafen

Damit das Nächtebuch überhaupt funktionieren kann, müssen Sie erst einmal lernen, richtig einzuschlafen und aufzuwachen. Das mag komisch klingen, aber ein paar einfache Maßnahmen können hier wirklich viel Zeit einsparen. Beginnen Sie damit, sich heute Abend vor dem Einschlafen fest vorzunehmen, sich am nächsten Morgen an Ihre Träume zu erinnern. Sprechen Sie diese Absicht ruhig einmal laut aus und wiederholen Sie darauf während des Einschlafens in Gedanken sporadisch «Ich werde mich daran erinnern, was ich geträumt habe». Tun Sie dies genau so, als würden Sie sich vornehmen, am Tag darauf Ihr Auto zu waschen.

Was ich damit sagen will: Stellen Sie sich in Gedanken fest die eigentliche Aktivität des Erinnerns vor, anstelle, bewusst oder unterbewusst, einfach zu erwarten, dass dieser Prozess automatisch und ohne eigenes Zutun ablaufen wird. Auch wenn Sie dieser Maßnahme momentan mit Skepsis begegnen – probieren Sie es einfach mal aus. Eine solche Suggestion kann selbst dann Wunder wirken, wenn Sie gar nicht daran glauben.

Richtig aufwachen
Am nächsten Morgen sollten ebenfalls einige Regeln beachtet werden. Zunächst muss Ihnen klar sein, dass Licht, Lärm und Bewegung absolutes Gift für die Traumerinnerung sind. All diese Faktoren lösen «traumlöschende» Prozesse in Ihrem Gehirn aus und sollten so gut es geht vermieden werden. Versuchen Sie es sich anzutrainieren, nach dem Aufwachen so still wie möglich liegen zu bleiben und vor allem die Augen geschlossen zu halten. Wenn möglich verzichten Sie auf einen schrillen Wecker und lassen Sie sich stattdessen von sanfter Musik oder Ihrem Partner wecken. Der Raum sollte auch am Morgen möglichst dunkel sein. Alternativ können Sie auf eine Schlafmaske zurückgreifen.

All diese Maßnahmen werden dabei helfen, den Übergang vom Schlaf- in den Wachzustand so störungsarm wie möglich verlaufen zu lassen, und steigern somit die Chancen auf eine optimale Erinnerungsphase.

Der Erinnerungsprozess

In der Regel werden Sie sich daran erinnern, was Sie unmittelbar vor dem Erwachen geträumt haben. Im Optimalfall wachen Sie direkt aus einer Traumphase auf und starten mit einer Erinnerung an die Traumsituation, in der Sie sich noch Sekunden zuvor befanden. In diesem Fall gilt es, die lebhafteste Erinnerung festzuhalten. Machen Sie kurz und knapp in Gedanken eine Liste der Merkmale dieser Traumszene. Stellen Sie sich die Fragen:

Wo war ich? Wie sah meine Umgebung aus? War sie mir vertraut oder unbekannt? Was habe ich getan? Waren andere Personen anwesend? Wurden Gespräche geführt? Und, ganz wichtig: Wie habe ich mich dabei gefühlt?

Sollten Sie eine dieser Fragen nicht direkt beantworten können, halten Sie sich nicht lange damit auf, angestrengt nach einer Antwort zu suchen. Viel wichtiger ist es, die nun vorhandenen, ersten Bilder dazu zu benutzen, den Traum weiter zu rekonstruieren. Versuchen Sie sich daran zu erinnern, wie es zu dieser Situation kam, an welchem Ort Sie sich zuvor aufgehalten haben und ob Sie dabei bereits von anderen Personen begleitet wurden.

Verzweifeln Sie nicht, wenn diese Zusammenhänge zunächst keinen Sinn ergeben oder Ihre Erinnerung lückenhaft ist. Wenn Sie Ihr waches Leben «zurückspulen» könnten, würden Sie in den meisten Fällen eine lange Kette aus logischen Zusammenhängen in chronologischer Reihenfolge beobachten. Wenn Sie jedoch Ihren Traum in Gedanken zurückspulen, ähnelt das Ergebnis meist eher einem Film aus einzelnen Szenen. Sie wissen zum Beispiel, dass der Hauptdarsteller in seinem Hotelzimmer ein Taxi gerufen hat, bevor er im Flugzeug nach Los Angeles ein Gespräch mit seinem Sitznachbarn führt. Die Fahrt zum Flughafen, das Boarding und alles, was dazwischen passierte, wurde aber gar nicht gedreht. Erwarten Sie bei der Rekonstruktion Ihres Traums also keine lückenlose, in sich schlüssige Erinnerung, wie sie im Alltag möglich ist.

Mit der Zeit wird Ihnen die Traumrekonstruktion immer leichter fallen, und die Erinnerung wird, meist schon nach wenigen Nächten, wesentlich detaillierter. Sollten Sie bereits von Natur aus mit einem ausgeprägten Traumgedächtnis ausgestattet sein, kann dieses Vorgehen von Anfang an überflüssig erscheinen. Lassen Sie sich jedoch trotzdem nicht dazu verleiten, sofort nach dem Aufwachen zum Nächtebuch zu greifen. Selbst wenn Sie glauben, ein abendfüllendes Referat über die Träume der vergangenen Nacht halten zu können, widerstehen Sie zunächst (als Faustregel mindestens fünf bis zehn Minuten lang) dem Drang, alles sofort zu Papier oder auf den Bildschirm bringen zu wollen. Es kann Ihnen nämlich sonst schnell passieren, dass jede noch so klare Erinnerung auf einmal ganz schnell verfliegt, wenn Ihr Gehirn zu früh gezwungen ist, die äußeren Reize Ihres Schlafzimmers zu verarbeiten. Behalten Sie daher immer im Hinterkopf, dass die ersten Minuten am Morgen für die Traumerinnerung am wertvollsten sind, und reservieren Sie diese dementsprechend zu diesem Zweck.

Was gibt es zum Frühstück? Unwichtig! Was zieh ich heute an? Unwichtig! Was erwartet mich auf der Arbeit? Unwichtig! Ich müsste aber ganz schön dringend aufs Klo! Wie dringend? Habe ich mir gedacht ... unwichtig!

Solche Ablenkungen, auch wenn Sie sich verbieten, weiter darüber nachzudenken, können schon maßgeblich Ihre Konzentration auf das Wesentliche stören und sind ab sofort fehl am Platz, bis Sie den letzten Punkt in Ihrem Nächtebuch gesetzt haben. Wie Sie den Platz vor diesem letzten Punkt am effektivsten nutzen, schauen wir uns als Nächstes an.

Träume protokollieren

In den meisten Fällen werden Sie weder die Zeit noch die Lust dazu haben, jeden Morgen eine Doktorarbeit zu Papier zu bringen, die Ihre nächtlichen Abenteuer detailliert aufschlüsselt. Auch sind die wenigsten von uns dazu in der Lage, diese oft sehr surrealen Erlebnisse in ein kafkaeskes Meisterwerk zu verwandeln. Das ist aber glücklicherweise auch gar nicht nötig. Viel wichtiger als die Qualität der einzelnen Einträge ist die Regelmäßigkeit, mit der sie verfasst werden. Daher sollten Sie sich gerade zu Beginn auf das Wesentliche beschränken, damit dieses ohnehin zunächst gewöhnungsbedürftige Ritual nicht schon nach wenigen Tagen wieder frustriert aus Ihrer Morgenroutine verbannt wird.

Ein Eintrag im Nächtebuch sollte die aus der Erinnerungsphase gewonnenen Informationen über Orte, Personen, Handlungen und Gefühle in Form einer Art Kurzgeschichte miteinander verknüpfen. Mir hat die Vorstellung sehr geholfen, diese Geschichten für einen guten Bekannten zu schreiben, der zwar eine möglichst lebhafte Vorstellung davon bekommen soll, was ich erlebt habe, den ich aber gleichzeitig auch nicht mit unwichtigen Details langweilen will.

Achten Sie nur darauf, dass Sie sich nicht künstlich zensieren, wenn ein Detail zwar für Ihren Bekannten eher unwichtig wäre, für Sie selbst aber intuitiv von großer Bedeutung ist. Nur so ergeben die Einträge auch in Zukunft für Sie selbst noch Sinn, wenn die direkte Erinnerung an den Traum schon lange verflogen ist.

Sobald Sie mit dem Eintrag zufrieden sind, sollten Sie ihn noch einmal komplett durchlesen und dabei parallel in Gedanken den Traum erneut durchspielen. So merken Sie schnell, ob der Text Ihre Erinnerung wiedergibt oder einige wichtige Aspekte vielleicht noch nicht erfasst sind. Abschließend sollten Sie den Eintrag mit einer aussagekräftigen Überschrift versehen, die Ihnen später dabei hilft, den Traum in Ihren Aufzeichnungen wiederzufinden. Bei längeren Einträgen ist es vielleicht sogar sinnvoll, zwei oder drei zusammenfassende Sätze zu notieren.

Letzten Endes bleibt es aber Ihnen überlassen, wie Sie im Einzelnen vorgehen. Sie sollten, wie bereits eingangs erwähnt, in erster Linie auf die Regelmäßigkeit der Einträge achten und das Nächtebuch so handhaben, dass es sich nicht zu einer lästigen Pflicht entwickelt. Sollte dieser Fall dennoch eintreten, machen Sie ruhig mal ein paar Tage Pause und lesen Sie die Einleitung dieses Kapitels erneut, um wieder Motivation zu schöpfen.

Traumzeichen identifizieren

Wenn sich schon einige Einträge in Ihrem Nächtebuch angesammelt haben, können Sie nun die Inhalte der Träume genauer unter die Lupe nehmen. Sollten Sie noch nichts aufgezeichnet haben, hilft Ihnen dieser Abschnitt, das Nächtebuch möglichst effektiv zu gestalten. Neben der Stärkung des Traumgedächtnisses sind die hier zu gewinnenden Informationen von großer Wichtigkeit. Sie liefern ein ständig deutlicher werdendes Abbild Ihrer Träume, das Ihnen dabei hilft, diese Welt näher heranzuholen, sich mit ihr vertraut zu machen und wieder einen starken, persönlichen Bezug aufzubauen. Dazu reicht es zunächst schon aus, sich in regelmäßigen Abständen die Einträge noch einmal durchzulesen und sich dabei gezielt Gedanken darüber zu machen, was genau Ihre Träume vom alltäglichen Leben unterscheidet. Dieses Wissen ist maßgeblich, um später zu erkennen, dass Sie träumen.

Aus diesem Grunde ist es ratsam, solche Anhaltspunkte auch regelmäßig im Nächtebuch zu markieren, wobei zwischen allgemeinen und persönlichen Traumzeichen unterschieden wird.

Allgemeine Traumzeichen

Allgemeine Traumzeichen haben für jeden Träumer Gültigkeit und ergeben sich aus den abweichenden Regeln und Möglichkeiten der Traumrealität.

Wenn zum Beispiel Personen im Traum auftauchen, die Sie in der wachen Welt seit Jahren nicht gesehen haben oder die bereits verstorben sind, Sie selbst oder andere Traumcharaktere übermenschliche Fähigkeiten besitzen, der Traum sich an einem Ort abspielt, der offensichtlich Ihrer Phantasie entsprungen ist und real nicht existiert, Sie sich in einem vergangenen Zeitalter oder einer Zukunftsvision wiederfinden oder sich die Ereignisse und Situationen ohne erkennbare Zusammenhänge und logische Abfolge überschlagen, können Sie sicher sein, dass Sie gerade einen Traum erleben.

Durchsuchen Sie regelmäßig Ihr Nächtebuch nach solch kuriosen Besonderheiten der Traumwelt und markieren diese entsprechend, wird Ihre Detektivarbeit in Form von kritischer Analyse bald auch während des Traumzustandes zur Gewohnheit und Ihnen helfen, Realität und Traum voneinander zu unterscheiden.

Persönliche Traumzeichen

Persönliche Traumzeichen ergeben sich aus den Mustern und Regelmäßigkeiten Ihrer individuellen Trauminhalte. Sie können zwar gleichzeitig auch allgemeine Traumzeichen beinhalten, sind aber von Ihnen als persönliche zu erkennen.

In Ihren Träumen regelmäßig wiederkehrende Situationen wie das Durchleben ganz persönlicher Ängste oder Konfrontationen mit bestimmten Personen, die auf Ihren Erfahrungen im wachen Leben, der eigenen Persönlichkeit und psychischen Verfassung basieren, sind Beispiele hierfür. Wenn etwa der Haussegen schief hängt, der Arbeitsplatz zurzeit nicht mehr als eine konstante Quelle für Stress und Kopfzerbrechen zu sein scheint oder Sie sich aktuell in einer Situation befinden, die Sie dazu zwingt, sich Ihren Ängsten und Hemmungen zu stellen, werden sich diese Umstände in der Regel auch direkt oder symbolisch im Traum widerspiegeln.

Ihre Aufgabe besteht nun darin, zu erkennen, wie sich diese Repräsentationen von den entsprechenden Ausgangssituationen im wachen Leben unterscheiden. Wenn Sie zum Beispiel aufgrund eines Streits fast täglich in hitzige Wortgefechte verwickelt sind, könnten diese im Traum regelmäßig in körperliche Gewalt ausarten, obwohl eine solche Eskalation für Sie rational betrachtet undenkbar wäre.

Persönliche Traumzeichen sind in der Regel schwieriger zu entdecken. Wenn sie jedoch erst einmal identifiziert sind, ist die Chance sehr groß, dass Sie beim nächsten Mal auch innerhalb eines Traums auf sie aufmerksam werden. Das gilt insbesondere, wenn mit der Zeit ein wiederkehrendes Muster, bezogen auf Unterschiede dieser Art, deutlich wird.

Das Nächtebuch wird Ihnen so dabei helfen, Ihrer Traumwelt mehr Raum zu geben, sie Ihnen täglich ins Bewusstsein zu bringen und sie kritisch zu hinterfragen. Doch das ist nur die eine Seite. Genauso müssen Sie nun den Tag behandeln, die Realität hinterfragen, auch wenn es auf den ersten Blick merkwürdig erscheinen mag. Betrachten Sie es einfach als ein Spiel, das Sie mit höchstem Ernst betreiben müssen.

TRAUM ODER WIRKLICHKEIT – REALITY-CHECKS

Wenn Sie oft mit dem Auto unterwegs sind, ist Ihnen mit Sicherheit schon einmal etwas Ähnliches passiert: Sie müssen plötzlich scharf abbremsen, weil jemand unbedingt noch die winzige Lücke vor Ihnen nutzen musste, um die Spur zu wechseln. Nach einer kurzen Schrecksekunde wird Ihnen plötzlich klar, dass Sie die letzten zehn Kilometer mehr oder weniger auf «Autopilot» geschaltet hatten. Ihr Körper hat problemlos den korrekten Input an Kupplung, Bremse, Gas, Blinker und Lenkrad weitergegeben, aber Ihr Bewusstsein war daran scheinbar nicht maßgeblich beteiligt.

In Gedanken sind Sie nämlich noch einmal die Einkaufsliste durchgegangen oder haben ein anstehendes Meeting mit der Geschäftsleitung durchgespielt, anstelle sich darauf zu konzentrieren, das gefährliche Monstrum in Form einer Tonne Stahl unter Ihrem Hintern sicher durch das Labyrinth der Innenstadt zu bewegen. Das ist zwar eine beachtliche Leistung, die als Fahranfänger noch undenkbar schien, gleichzeitig aber auch eine erschreckende Erkenntnis, wenn man bedenkt, mit wie vielen «Autopiloten» man sich die Straße teilt.

Der Psychologe Daniel Gilbert von der Harvard University fand heraus, dass dieser Bewusstseinszustand nicht nur im Straßenverkehr anzutreffen ist. Eine Studie mit über 2000 Teilnehmern zeigte, dass wir knapp die Hälfte unseres Alltags gedanklich «abwesend» sind, während wir Handlungen ausführen und Aufgaben erledigen. Gerade monotone Arbeit oder tägliche Routine nehmen demnach oft gewissermaßen «bewusstlos» ihren Lauf, fast wie im Traum.

Das ist eine wichtige Erkenntnis für Ihren Lernprozess: Auch wenn man sich, wie beim Autofahren, oft nicht über die einzelnen Handlungen bewusst ist, die man ausgeführt hat, um an sein Ziel zu kommen, so hat man sie natürlich trotzdem erlebt. Die Sinnesorgane haben konstant Informationen geliefert, von der Beschaffenheit des Lenkrades in der Hand bis hin zur Beschleunigung, die während der Fahrt auf den gesamten Körper eingewirkt hat. All diese Informationen haben jedoch nicht Ihre bewusste Aufmerksamkeit erreicht, die zu sehr damit beschäftigt war, sich fest vorzunehmen, heute einen großen Bogen um die Süßwarenabteilung im Supermarkt zu machen.

Im Traumzustand kommt nun erschwerend hinzu, dass unser Bewusstsein in der Regel nicht abgelenkt, sondern völlig durch den «Autopiloten» ersetzt ist. Aber auch im Traum gilt: Das fehlende Bewusstsein verhindert nicht, dass jede Sinneswahrnehmung erlebt, jede Handlung aktiv ausgeführt wird. Sie können sich also den Unterschied in der Wahrnehmung eines normalen Traums verglichen mit einem Klartraum folgendermaßen verdeutlichen: Ein normaler Traum gleicht Ihrer Erinnerung an die Autofahrt zum Arbeitsplatz, die Sie seit Jahren wiederholen. Sie können sich eventuell an einige Details erinnern, die die Routine durchbrochen haben, und eventuell auch die Gefühle und Wahrnehmungen in dieser Situation erneut abrufen. Die meisten Informationen wurden jedoch nicht abgespeichert, da Ihr Autopilot weitestgehend die bewusste Aufmerksamkeit abgelöst hat. Einen Klartraum hingegen erfahren Sie jedes Mal, als säßen Sie gerade in der praktischen Führerscheinprüfung. Ihre Gedanken sind völlig an die Gegenwart gefesselt, Sie leben von Augenblick zu Augenblick, und die Zeit scheint stillzustehen. Sie können Ihrer Verwandtschaft noch Wochen später bis ins kleinste Detail den Moment beschreiben, in dem Sie fast ein Stoppschild übersehen hätten, und davon schwärmen, wie gut es sich angefühlt hat, als der Wagen endlich erfolgreich in der Parklücke stand.

Der Alltag im Traum

Mit dem Wissen, dass nicht nur Träume, sondern auch weite Teile des wachen Lebens scheinbar getrennt von unserem Bewusstsein ihren Lauf nehmen, bietet sich für uns die Möglichkeit, im Alltag zu trainieren, was wir im Traum erreichen wollen. Wenn Sie daran arbeiten, den Autopiloten im Wachzustand gezielt zu erkennen und abzuschalten, wird sich dies auch bald fast automatisch auf den Traumzustand übertragen. Denn unser Denken und Handeln am Tag hat direkten Einfluss auf unsere Träume. Ziel dieses Kapitels ist es, Ihnen dabei zu helfen, diese Theorie möglichst effektiv in die Praxis umzusetzen. Sie werden lernen, Ihrem Alltag mit einem neuen, kritischen Bewusstsein zu begegnen und so in Zukunft auch im Traum ein aktiver Teilnehmer zu werden.

Den Moment leben

Wir beginnen mit einem kleinen Gedankenexperiment: Stellen Sie sich vor, Sie könnten einen Tag lang eine hochintelligente Zivilisation auf einem weit entfernten Planeten beobachten. Sie haben nur 24 Stunden Zeit, um so viele Eindrücke und Informationen wie möglich zu sammeln, und Sie sind der einzige Mensch, der jemals diese Chance bekommen wird. Können Sie sich in dieser Situation vorstellen, darüber nachzudenken, was es am nächsten Morgen zurück auf Planet Erde zum Frühstück geben wird?

Wenn Sie ein realistischeres Beispiel brauchen, erinnern Sie sich einfach an Ihren letzten Urlaub. Die fremde Umgebung, fehlende Routine und nahezu unbegrenzte Freizeit lassen Ihre Neugier wachsen, neue Erfahrungen zu machen. Sie saugen die Eindrücke der fremden Umgebung geradezu in sich auf. Wenn Sie es schaffen, dieses veränderte Bewusstsein zumindest teilweise auf den Alltag anzuwenden, werden Ihre Chancen auf einen Klartraum enorm steigen.

Machen Sie als ersten Schritt einfach mal einen Spaziergang durch Ihre Nachbarschaft und versuchen Sie dabei, so viel Neues zu entdecken wie möglich. Selbst wenn Sie glauben, dass Sie ein besseres Bild von Ihrem Wohnort haben, als Google es mit noch so vielen auf Kleinwagen montierten Kameras einfangen kann, verspreche ich Ihnen, dass es unendlich viel zu entdecken gibt. Es gibt dabei nur eine Regel: Konzentrieren Sie Ihre Aufmerksamkeit und Gedanken einzig und allein darauf, etwas Neues über Ihre Nachbarschaft zu erfahren. Beschränken Sie sich dabei nicht nur auf optische Eindrücke, sondern benutzen Sie nach Möglichkeit alle Sinne, um sich leiten zu lassen.

Wenn Sie es wirklich schaffen, sich von nichts ablenken zu lassen, sollten Sie am Abend keine Probleme damit haben, Ihre kleine Expedition noch einmal durchzuspielen, um ein Gefühl dafür zu bekommen, was es wirklich bedeutet, getragen von Neugier im Moment zu leben. Nehmen Sie sich fest vor, in den kommenden Träumen dieses veränderte Bewusstsein aufrechtzuerhalten.

Auch wenn dies nicht gelingt, hat die Übung ihren Zweck erfüllt. Sie haben die erste Grundlage dafür geschaffen, in den kommenden Tagen und Wochen dieses veränderte Bewusstsein über Ihre Umgebung weiterzuentwickeln und es auf diesem Wege bald auch Teil Ihrer Träume werden zu lassen.

Da über das «im Moment leben» unzählige Bücher geschrieben, sogar ganze Lebensphilosophien gegründet wurden, beschäftigen wir uns nun damit, wie man diese erste, zunächst vielleicht abstrakt wirkende Übung alltagsfähig umgestaltet.

Reality-Checks

Sie haben nun schon eine Vorstellung davon, wie wichtig es ist, ein kritisches Bewusstsein für die Realität des Alltags zu entwickeln, mit dem Ziel, dass sich diese Verhaltensänderung auch in den Traumzustand überträgt. Auf dem gleichen Prinzip beruhen die unter Klarträumern sehr beliebten sogenannten «Reality-Checks», also Realitätsprüfungen, die regelmäßig über den Tag verteilt ausgeführt werden und uns dabei helfen, den Traumzustand vom Wachzustand eindeutig zu unterscheiden.

Das mag zunächst komisch klingen, da Sie sich schon Ihr ganzes Leben lang sicher sind, wann Sie wach sind. Es gibt schließlich, bis jetzt, gar keine bewusst erlebte Alternative. Gerade das ist aber auch der Grund dafür, warum Sie bisher nie den Traumzustand als solchen hinterfragt haben, da diese grundlegende Überzeugung auch automatisch im Traumschlaf gilt. Behalten Sie diesen Gedanken im Hinterkopf, wenn Sie die folgenden Zeilen lesen.

Atmen im Schlaf

Einer der effektivsten Reality-Checks macht die Technik deutlich. Für diesen Test hält man sich ganz einfach bei geschlossenem Mund die Nase zu und versucht, tief einzuatmen. Wenn Sie das gerade ausprobieren, während Sie diesen Satz lesen, merken Sie spätestens jetzt, dass das offensichtlich nicht funktioniert. Wiederholt man diesen Test jedoch regelmäßig im Wachzustand, ist es nur eine Frage der Zeit, bis man auch von dessen Durchführung träumt.

Und das Ergebnis ist überraschend: Die Atmung ist im Traum weiterhin problemlos möglich, da man natürlich nur davon träumt, sich die Nase zuzuhalten und die Schlafparalyse dafür sorgt, dass der Körper weiterhin ungehindert atmen kann. Dieses Erlebnis ist so unerwartet und surreal, dass dem Schlafenden in diesem Moment bewusst wird, zu träumen. Derselbe Reality-Check liefert also ein abweichendes Ergebnis, je nachdem, ob man ihn im Wach- oder Traumzustand ausführt.

Es gibt eine ganze Reihe solcher Selbsttests, die auf diesem Prinzip aufbauen. Bevor wir uns damit beschäftigen, wie man die Checks am sinnvollsten über den Tag verteilt und mit dem zuvor besprochenen kritischen Bewusstsein verbindet, gebe ich ein paar weitere Beispiele und verdeutliche die jeweiligen Vor- und Nachteile. Welcher ist Ihr Favorit?

Die Top-Reality-Checks

Tief durchatmen Der gerade erwähnte Reality-Check, bei dem Sie sich die Nase zuhalten und versuchen einzuatmen, ist mein persönlicher Favorit und hat mir mittlerweile zu unzähligen Klarträumen verholfen. Der größte Vorteil ist, dass das Ergebnis im Traum regelrecht erschreckend wirkt und kaum eine Chance besteht, es zu ignorieren. Unsere Atmung wird zudem sonst im Schlaf völlig unbewusst gesteuert und allein die Konzentration darauf bricht in gewisser Weise eine Routine, was den Effekt weiter verstärkt. Zudem kann man ihn im Alltag sehr schnell, relativ diskret und damit in so ziemlich jeder Situation ausführen.

Mondschwerkraft In einem Traum haben Newton & Co. nicht viel zu sagen. Die Gesetze der Physik sind nicht klar definiert und sehr wandelbar. Wenn Sie in die Luft springen, hilft uns auf der Erde eine einfache Formel dabei, genau zu berechnen, wie lange der Fall zurück auf festen Boden dauert, da wir uns auf die Schwerkraft verlassen können.

In einem Traum entwickelt sich ein Sprung jedoch meist zu einer Erfahrung, die einer Wanderung auf der Mondoberfläche gleicht. Es fühlt sich so an, als schwebe man langsam wieder Richtung Boden. Dieser Effekt kann unterschiedlich ausgeprägt sein, aber man kann sich darauf verlassen, dass immer ein klarer Unterschied zum Wachzustand erkennbar ist. Dieser Check ist zwar ebenfalls sehr effektiv, jedoch nur bedingt für die Anwendung in der Öffentlichkeit geeignet. Aber mit ein wenig Kreativität ist selbst das kein Problem. Niemand wird Sie schief ansehen, wenn Sie diesen Test zum Beispiel in eine Aufwärmphase vor dem Joggen integrieren.

Buchstabensalat Die im Traum erlebte Realität ist wesentlich wandelbarer als die unserer weitestgehend berechenbaren Alltagswelt. Besonders deutlich wird das, wenn man sich die Eigenschaften des geschriebenen Wortes anschaut. Wenn Sie in einem Traum zum Beispiel ein Buch zur Hand nehmen, sind die Seiten entweder direkt mit absolutem Buchstabensalat gefüllt, oder Sie können zwar einen Satz lesen, werden aber, wenn Sie Ihren Blick abwenden, um ihn dann erneut zu lesen, feststellen, dass er sich komplett verändert hat.

Konzentrieren Sie sich also im Alltag ab und zu darauf, etwas ganz bewusst zu lesen, legen Sie es kurz beiseite und lesen Sie es dann erneut.

Handlesen Wie die Umgebung ist auch der eigene Körper in einem Traum alles andere als konstant. Das bedeutet, dass man nie genau weiß, was passiert, wenn man zum Beispiel die eigenen Hände betrachtet. Sicher ist nur, dass man fast immer eindeutig erkennen kann, dass etwas nicht stimmt. Manchmal sind es zusätzliche Finger, manchmal unnatürliche Proportionen, oder die gesamte Hand wirkt wie bunte, animierte Aquarellmalerei.

Betrachten Sie also mehrmals hintereinander Ihre Hände und gehen Sie sicher, dass sie sich nicht verändert haben.

Es werde Licht Dieser Reality-Check macht sich eine weitere kuriose Eigenschaft unserer Traumwelt zunutze. Ein Lichtschalter scheint dort ein nicht vorhandenes Konzept zu sein, was dazu führt, dass in den meisten Fällen nichts passiert, wenn man ihn betätigt. Mit dieser Erkenntnis im Hinterkopf fällt es natürlich leicht, eine alltägliche Handlung in einen wertvollen Reality-Check zu verwandeln.

Denken Sie ab sofort einfach jedes Mal daran, wenn Sie einen Lichtschalter betätigen. Funktioniert er nicht, müssen Sie sich entweder vorsichtig zum Sicherungskasten vortasten, oder Sie befinden sich mit ein wenig Glück bereits in einem Klartraum. An dieser Stelle ein kleiner Tipp: Das Ganze geht auch hervorragend mit LED-Leuchten für den Schlüsselbund. So ist jederzeit ein Lichtschalter zur Hand, und die Chance ist sehr groß, dass dieses neue, ungewohnte Spielzeug auch bald in einem Traum auftaucht.

Wer hat an der Uhr gedreht? Ein weiteres technisches Konzept, das dem Traumzustand anscheinend ein Rätsel ist, ist die Digitaluhr. Während die analoge Variante meist durchaus Sinn ergibt und ihre Funktion zuverlässig erfüllt, ist auf die digitale Anzeige im Traum nur insofern Verlass, dass nie Verlass auf sie ist. Die gewohnten, klar und deutlich leuchtenden arabischen Ziffern ähneln dort manchmal eher ägyptischen Hieroglyphen oder zeigen sich als ein wirres Muster aus Strichen und Punkten.

Eine Digitaluhr erfüllt also ab sofort eine weitere, praktische Funktion in Form eines automatischen Reality-Checks. Fragen Sie sich einfach nicht mehr nur «Wie spät ist es?», wenn Sie auf die Uhr schauen, sondern: «Wie spät ist es, oder kann mir das egal sein, weil ich gerade träume?»

Und erwarten Sie vor Ihrem Blick auf die Anzeige jedes Mal, dass Sie von ihrer Fehlfunktion überrascht werden. Wenn Sie eine Digitaluhr vom Bett aus im Blick haben, auf die Sie ohnehin jeden Morgen schauen, kann das auch eine ausgezeichnete Möglichkeit bieten, zukünftig ein geträumtes «falsches Erwachen» zu identifizieren.

51

Anwendung am Tag

Bei der Anwendung von Reality-Checks sollten Sie einige Dinge beachten, damit sie wirksam sind. Zunächst ist es ratsam, bei der Durchführung im Wachzustand immer davon auszugehen, dass Sie gerade träumen, und das entsprechende Ergebnis zu erwarten. Das ist zwar zunächst vielleicht gewöhnungsbedürftig und kontraintuitiv, bietet aber einige klare Vorteile gegenüber der umgekehrten Herangehensweise.

Zum einen verringert sich die Gefahr, dass das ständig erwartete Ergebnis für den Wachzustand dazu führt, dass auch im Traum ein entsprechendes Ergebnis «simuliert» wird, basierend auf der konditionierten Erwartung, die sich im wachen Leben bereits unzählige Male bestätigt hat. Das Risiko für ein derartig falsches Ergebnis im Traumzustand ist bei jedem Reality-Check unterschiedlich groß, jedoch nie vollkommen auszuschließen.

Zum anderen besteht ein weiterer Vorteil darin, dass die ständige Enttäuschung darüber, sich in der Realität zu befinden, den Überraschungseffekt verstärkt, wenn das Ergebnis plötzlich bestätigt, dass man tatsächlich gerade einen Traum erlebt.

Wenn Sie bisher noch keinen intensiven Klartraum hatten, werden Sie sich zunächst natürlich immer ziemlich sicher sein, wach zu sein. Die Erwartung, gerade eventuell einen Traum zu erleben, ist daher zunächst nur ein reines Gedankenexperiment. Sobald Sie jedoch zum ersten Mal erlebt haben, wie realistisch ein Traum sein kann, wird Ihnen das plötzlich ein wenig zu selbstsicher, ja sogar fast naiv erscheinen. Diese Erkenntnis wird Ihrer Sicherheit einen gesunden Dämpfer verpassen. Das erleichtert es wiederum, die

Erwartungshaltung aufzubauen, sich in einem Traum zu befinden.

Verknüpfen Sie die Reality-Checks mit alltäglichen Handlungen

Es bleibt nun noch die Frage zu klären, wie oft und vor allem in welchen Situationen Reality-Checks durchgeführt werden sollten. Gerade zu Beginn Ihres Lernprozesses gibt es dabei kein «zu oft», und Sie sollten sich konstant daran erinnern, die Realität auf die Probe zu stellen.

Sie können es sich zum Beispiel angewöhnen, einige alltägliche Handlungen und Situationen mit Reality-Checks zu verbinden. Etwa an jeder roten Ampel, beim Betreten eines Raumes, bevor Sie etwas essen und trinken, das Handy benutzen oder auf die Toilette gehen.

Wenn Sie merken, dass Sie Probleme damit haben, sich zuverlässig selbst daran zu erinnern, schnappen Sie sich ein paar Zettel und notieren Sie den Satz «Träumst du gerade?». Diese Zettel kleben Sie dann zum Beispiel an den Spiegel im Badezimmer, den Kühlschrank, Fernseher und Computer, das Lenkrad oder andere geeignete Orte, die Sie häufig im Blick haben. Wechseln Sie dabei am besten ab und zu die Platzierung der Zettel, damit Sie sich nicht zu sehr daran gewöhnen und sie bald unterbewusst ausblenden.

Eine sehr dezente und vor allem tragbare «Eselsbrücke» hat mir persönlich am Anfang gute Dienste geleistet. Ich habe mir zu dieser Zeit einfach einen kleinen Punkt oder ein Fragezeichen auf den Handrücken gemalt, die meine ständigen Begleiter wurden und mich so zuverlässig an die Reality-Checks erinnerten. Ab und an habe ich dabei die Seite gewechselt und eine kleine Änderung in Farbe, Form oder

Platzierung vorgenommen, um mich nicht daran gewöhnen zu können.

Mit Hilfe dieser Maßnahmen können Sie bequem dafür sorgen, Ihre Reality-Checks mit einer gewissen Regelmäßigkeit durchzuführen. Wenn Sie merken, dass Sie so nicht mindestens alle paar Stunden daran denken, sich kritisch mit der erlebten Realität auseinanderzusetzen, sollten Sie zusätzliche Erinnerungen in den Alltag einbauen. Wie bereits erwähnt, gibt es in diesem Fall kein «zu oft». Im Idealfall sollten Sie zudem darauf achten, dass Sie die Frequenz unmittelbar nach dem Aufwachen, vor einem Nickerchen und am späten Abend vor dem Einschlafen noch einmal deutlich erhöhen. Dabei erinnern Sie sich dann jedes Mal an die feste Absicht, sich auch in Ihren Träumen kritisch mit der erlebten Realität auseinanderzusetzen.

Reality-Checks und Traumzeichen

Das Nächtebuch bietet übrigens noch eine weitere Möglichkeit, Reality-Checks sinnvoll in den Alltag zu integrieren. Bringen Sie die Checks gezielt mit Handlungen, Situationen, Orten oder Personen in Verbindung, von denen Sie erkannt haben, dass sie häufig Teil Ihrer Traumwelt sind. Wenn zum Beispiel eine bestimmte Person ständig in Ihren Träumen auftaucht, können Sie es sich angewöhnen, jedes Mal einen Reality-Check zu machen, wenn Sie diese Person im Alltag treffen.

Frei nach dem Prinzip des Pawlow'schen Hundes, der zu sabbern beginnt, sobald er die Glocke hört, die die nächste Mahlzeit ankündigt, entsteht so mit der Zeit ein konditionierter Reiz in Bezug auf diese Person, der im Traum dann völlig unterbewusst die entsprechende Reaktion auslösen kann. Das

Gleiche gilt natürlich für sämtliche Anhaltspunkte in Form Ihrer persönlichen Traumzeichen, die sich zu diesem Zwecke eignen. Für mich sind unter anderem, wie eingangs erwähnt, Lichtschalter zum Signalreiz geworden.

Während Sie an Ihrer kritischen Haltung arbeiten, liegt es nahe, auch entsprechend auf außergewöhnliche Ereignisse im Leben mit einem Reality-Check zu reagieren: Wenn Sie von etwas überrascht oder überwältigt werden, in Staunen oder Ehrfurcht verfallen, sich erschrecken oder vor etwas Angst haben, besonders emotionale oder skurrile Momente erleben, sich unglaubliche Zufälle ergeben oder etwas Ihr Leben plötzlich drastisch verändert. Jede Situation also, die die Routine des Alltags für einen Moment unterbricht und Ihre Aufmerksamkeit fesselt, gibt Ihnen die Gelegenheit dazu. Geschehnisse, auf die man eventuell sogar zuvor schon mit der Redewendung «Ich glaub, ich träume!» reagiert hätte, lassen die Grenze zwischen Traumlogik und gewohnter Realität oft ein wenig verschwimmen. Das kann mehrere, gezielt damit verbundene Reality-Checks in kurzer Abfolge besonders effektiv machen, nicht zuletzt, da die Chance sehr groß ist, dass ein solch außergewöhnliches Ereignis in der darauffolgenden Nacht auch im Traumzustand verarbeitet wird.

Wenn Sie nichts aus diesem Buch praktisch umsetzen würden, außer regelmäßig einen kritischen Blickwinkel anzunehmen und diszipliniert ein Nächtebuch zu führen, wäre es bereits mit ziemlicher Sicherheit nur noch eine Frage der Zeit, bis Sie Ihren ersten Klartraum erleben.

Daher sollten Sie sich nun noch direkt die folgende Frage beantworten: Sind Sie gerade wach, oder träumen Sie? Lesen Sie gerade wirklich ein Buch übers Klarträumen?

KAPITEL 3
INDUKTION. KLARTRAUM-TECHNIKEN

Nachdem wir nun ein solides Fundament geschaffen haben, das dabei hilft, sich für die feinen Unterschiede zwischen Wach- und Traumzustand zu sensibilisieren, werden wir nun einige bewährte Techniken kennenlernen, mit denen Sie unmittelbar vor dem Einschlafen aktiv darauf hinwirken können, die Chance auf einen Klartraum noch einmal drastisch zu erhöhen.

Diese Techniken werden es Ihnen erlauben, mit wachsender Erfahrung früher oder später Klarträume gezielt einzuleiten, wann immer Ihnen der Sinn danach steht. Da mir oft die Frage gestellt wird, welche dieser Techniken die «beste» sei, will ich gleich zu Beginn eines klarstellen: Diese Frage können Sie sich letztendlich nur selbst, mittels eigener Experimente über einen längeren Zeitraum hinweg, beantworten. Was bei mir ausgezeichnet funktioniert, kann für Sie die längste Zeit aussichtslos erscheinen und umgekehrt.

Machen Sie sich am besten zunächst mit allen Techniken vertraut und entscheiden Sie dann, welche für Sie persönlich am geeignetsten erscheint. Konzentrieren Sie sich ein bis zwei Wochen ausschließlich auf diese, bis Sie eine weitere Technik ausprobieren. Nur so geben Sie sich eine faire Chance, Probleme zu beheben, Erfahrungen zu sammeln und positive Effekte zu registrieren. Das bedeutet natürlich nicht, dass es zwangsläufig auch so lange dauern wird, bis Sie auf die gewählte Art und Weise den ersten Klartraum einleiten. Trotzdem kann Ihnen ein geduldiges, schrittweises Vorgehen viel Frust ersparen.

Stellen Sie sich einmal vor, Sie würden Ihre ersten Versuche mit all diesen Techniken auf Biegen und Brechen in eine einzige Woche quetschen. Sie halten sich genauestens an meine Anweisungen, und trotzdem bleibt der erste Klartraum weiterhin aus. Sie fühlen sich ein wenig, als hätten Sie versagt, und befürchten, ein hoffnungsloser Fall zu sein. Das ist natürlich absoluter Quatsch, aber unterbewusst wird Sie ein solch überstürztes Vorgehen immer zweifeln lassen, ob es den Aufwand wert ist, weiterhin motiviert dranzubleiben. Geduld ist also auch in diesem Fall eine Tugend, und wenn Sie zu viel auf einmal ausprobieren wollen, kann es passieren, dass keine der Techniken genug Zeit und Aufmerksamkeit abbekommt, um Früchte tragen zu können.

ZWEI WEGE, EIN ZIEL

Es gibt zwei Möglichkeiten zur Induktion von Klarträumen. Bei einem sogenannten DILD (Dream-Initiated Lucid Dream) erkennt der Träumer während des Traums, dass er träumt.

Bei einem WILD, das steht für «Wake-Initiated Lucid Dream», wird ein Klartraum direkt aus dem Wachzustand heraus eingeleitet, ohne dabei je das Bewusstsein an den Schlaf zu verlieren. Beide Wege bieten klare Vor- und Nachteile.

Sie haben bereits einige Werkzeuge für einen DILD kennengelernt. Das Nächtebuch, ein kritisches Bewusstsein und das damit verbundene Konzept der Reality-Checks sollen die Chance erhöhen, während des Schlafes zu erkennen, dass man träumt. Dabei liegt die Betonung allerdings auf dem Wort Chance, da Sie natürlich nie einen bewussten Einfluss auf diese Erkenntnis haben werden, während Sie tief und fest schlafen. Daher ist bei DILD-basierten Techniken von Natur aus immer ein wenig Glück im Spiel. Mit wachsender Erfahrung und Kenntnis der noch folgenden, fortgeschrittenen Techniken werden die Chancen jedoch maximiert. So besteht keine Sicherheit, Nacht für Nacht einen Klartraum zu erleben, die Möglichkeit bleibt jedoch bestehen, selbst wenn Sie eine Zeitlang nicht aktiv mit den entsprechenden Techniken arbeiten können.

Bei WILD-Techniken hingegen müssen Sie jedes Mal aufs Neue aktiv darauf hinwirken, aus dem Wachzustand heraus einen Klartraum zu induzieren. Mit genügend Erfahrung werden Sie dies dann aber auch mit an Sicherheit grenzender Wahrscheinlichkeit erreichen, wann immer Ihnen der Sinn danach steht. Die Vor- und Nachteile der DILD-Techniken sind in diesem Fall also gewissermaßen auf den Kopf gestellt. Die besondere Herausforderung besteht bei WILD-basierten Techniken darin, einen Grad an Kontrolle über Bewusstsein und Körper zu entwickeln, der es dem Körper ermöglicht, ungestört einzuschlafen, auch während der Geist aktiv bleibt. Das klingt schwierig, erfordert aber vor allem eines: Willenskraft!

Die meisten Anfänger erleben den ersten Klartraum mit Hilfe einer DILD-basierten Technik. Das war bei mir selbst nicht anders, und ich erkannte erst Jahre später das unglaubliche Potenzial der WILD-Technik. Mittlerweile bin ich an einem Punkt angelangt, an dem ich jedes Nickerchen nach Belieben in eine Reihe von Klarträumen verwandeln kann und nur noch in Ausnahmefällen daran scheitere. Ich will damit sagen, dass Sie vielleicht nicht unbedingt mit WILD beginnen sollten, doch es ist die Königsdisziplin unter den Klartraum-Techniken, die in ihrer Zuverlässigkeit nur schwer zu übertreffen ist.

«ICH WERDE ERKENNEN, DASS ICH TRÄUME.» – MILD

Diese Technik zielt auf trauminduzierte Klarträume (DILD) ab. Dr. Stephen LaBerge hat sie im Zuge seiner Forschungsarbeit entwickelt und in seinem Buch «Exploring the World of Lucid Dreaming» veröffentlicht. MILD steht für «Mnemonic Induction of Lucid Dreams», sinngemäß also: gedächtnisgestützte Einleitung von Klarträumen. Sie basiert auf Autosuggestion in Form eines ständig wiederholten «Mantras» und dem bereits bekannten Konzept der Reality-Checks. Ein gutes Traumgedächtnis ist bei dieser Technik besonders wichtig. Sie sollten sich regelmäßig am besten an mehrere, mindestens jedoch an einen Traum pro Nacht erinnern. Das liegt daran, dass Sie die MILD-Technik am Abend anwenden werden und so ein Klartraum oft während der frühen Traumphasen oder mitten in der Nacht auftreten kann. Sie werden jedoch in der Regel danach nicht aufwachen, da Sie sich noch in einem zu tiefen Schlaf befinden. Ohne ein entsprechendes Traumgedächtnis können Sie zwar Erfolg mit dieser Technik haben, es nützt Ihnen jedoch herzlich wenig, da Sie sich am Morgen nicht mehr angemessen an Ihr bewusstes Abenteuer erinnern werden.

Im Mittelpunkt steht bei der MILD-Technik ein «Mantra», das Ihnen suggerieren soll, sich während der bevorstehenden Träume an die Durchführung eines Reality-Checks zu erinnern. Sie wiederholen also zum Beispiel ständig in Gedanken einen Satz wie «Ich werde Reality-Checks machen und so merken, dass ich träume!». Die Empfänglichkeit für eine solche Autosuggestion sowie die Qualität des prospektiven Gedächtnisses, also der kognitiven Fähigkeit, geplante Handlungen in einer zukünftigen Situation umzusetzen, sind von Mensch zu Mensch verschieden und entscheiden darüber, wie lange es individuell braucht, bis sich Erfolge einstellen. Dies kann zwar bereits in der ersten Nacht der Fall sein, Sie sollten aber mindestens zwei Wochen lang täglich am Ball bleiben.

Denken Sie sich zunächst ein passendes Mantra aus, das die Intention eines Reality-Checks und die Gewissheit des darauffolgenden Klartraums beinhaltet. Ein individuelles Mantra

61

ist deutlich effektiver als jedes Beispiel, das ich Ihnen geben kann. Sie können so nicht nur Ihren persönlichen Favoriten unter den Reality-Checks mit einbringen («Ich werde mir meine Hände ansehen und erkennen, dass ich träume!»), sondern haben während der ständigen Wiederholung auch das Gefühl, Ihren eigenen Willen zum Ausdruck zu bringen, anstelle fremden Anweisungen aus einem Buch zu folgen.

Achten Sie jedoch darauf, dass Sie Formulierungen wie «Ich will», «Ich möchte» oder «Ich muss es schaffen» vermeiden. Das Mantra sollte keinen Spielraum für Wahrscheinlichkeiten einräumen, sondern immer absolute Gewissheit zum Ausdruck bringen, um es auch für das Unterbewusstsein verständlich zu machen.

Wenn Sie dann am Abend schlafbereit im Bett liegen, müssen Sie zunächst von Gedanken an den vergangenen und bevorstehenden Tag loslassen, um sich voll und ganz auf Ihr Vorhaben konzentrieren zu können. Wenn Sie bereit sind, beginnen Sie damit, in Gedanken Ihr persönliches Mantra zu wiederholen. Dabei müssen Sie ständig konzentriert bleiben und dürfen keine Ablenkung zulassen. Das ist natürlich gewöhnungsbedürftig, je nachdem, wie schnell Sie in der Regel einschlafen, sollten Sie diese Form der Meditation jedoch etwa 5 bis 20 Minuten durchführen. Dabei können Sie ruhig zwischen den Wiederholungen einige Sekunden pausieren, während Sie sich auf eine bewusste, tiefe Atmung konzentrieren, um weiterhin Ablenkung zu vermeiden. Das Wichtigste ist, dass Ihr Mantra möglichst der letzte wache Gedanke vor dem Einschlafen ist.

Visualisierung

Sollten Sie über eine besonders ausgeprägte Vorstellungskraft verfügen, kann es die Chance auf Erfolg erhöhen, nach ausreichender Wiederholung des Mantras noch eine kurze Visualisierung folgen zu lassen. Mit Hilfe der klaren Erinnerung an einen vergangenen Traum, in dem Sie Traumzeichen entdecken konnten, stellen Sie sich dann vor, wie in diesem Moment die Reaktion mit einem Reality-Check zu Bewusstsein über den Traum geführt hätte. Malen Sie sich aus, was Sie in diesem Fall als Nächstes getan hätten. So unterstreichen Sie noch einmal bildlich die Intention, die in Ihrem Mantra steckt. Wenn Sie merken, dass Sie diese Vorgehensweise zu sehr beschäftigt und das Einschlafen verhindert, beginnen Sie beim nächsten Mal einfach damit, bevor Sie Ihr Mantra wiederholen. Die Visualisierung ist zudem völlig optional und nicht ausschlaggebend für den Erfolg dieser Technik.

DER WECKER ALS FREUND – WAKE-BACK-TO-BED

Sind Sie ein Morgenmuffel? Dann werden Sie Ihren Wecker bald wahrscheinlich zum ersten Mal in einem ganz anderen Licht sehen. Er kann nämlich auch Gutes tun! In Kombination mit der sogenannten Wake-Back-To-Bed-Technik (WBTB) bedeutet der nervige Signalton nämlich nicht mehr «Aufstehen!», sondern «Weiterschlafen!».

63

Aufwachen und gleich wieder ab ins Bett – so die sinnge-
mäße Übersetzung der Technik – könnte leicht mit Faulheit
verwechselt werden. Nicht in unserem Fall, denn wir haben
einiges vor. Ziel ist es, das wache Bewusstsein so nah wie
möglich an die ausgedehnteren Traumphasen gegen Ende der
Nacht heranzuführen. Der Wecker teilt also unserem wachen
Bewusstsein gewissermaßen so sanft wie möglich mit: «Hey,
aufwachen! Hier wird geträumt, und du verpasst es!»

Wenn man sich nun ein wenig Zeit nimmt, um seine Gedanken zu sammeln und sich an vergangene Träume zu erinnern, bald darauf aber wieder in einen tiefen Schlaf fällt, tut
man dies mit einem aufgeweckten, kritischen Bewusstsein
und erhöht so die Chance, dass aus einem der darauffolgenden Träume ein Klartraum wird. WBTB ist also keine Technik
im engeren Sinn, sondern ein Werkzeug, das die Wahrscheinlichkeit für einen Klartraum erhöht.

Wann klingelt der Wecker?
Die optimale Weckzeit ist individuell verschieden, kann aber
mit ein wenig Experimentierfreude schnell ermittelt werden.
Ein guter Ausgangspunkt für Ihren ersten Versuch ist eine
Einstellung von fünf Stunden nach dem Einschlafen. Wenn
Sie also zum Beispiel in der Regel um 23.00 Uhr einschlafen,
sollte der Wecker um 4.00 Uhr klingeln. Zu diesem Zeitpunkt
sollten im Idealfall bereits Erinnerungen an einen vergangenen Traum bestehen, und es dürfte nicht schwerfallen, trotz
eines zuvor ausreichend geweckten Bewusstseins schnell wieder einzuschlafen. Sollten Sie es nicht schaffen, wieder zur
Ruhe zu kommen, lassen Sie sich beim nächsten Versuch einfach eine halbe Stunde früher wecken, um schläfriger zu bleiben. Wissen Sie jedoch Stunden später nur noch, dass Sie mit

einem präzisen Handkantenschlag den Wecker ruhiggestellt haben, sollten Sie sich beim nächsten Versuch entsprechend 30 Minuten mehr Schlaf gönnen, um das kritische Bewusstsein gezielt für die zweite Hälfte der Nacht aufwecken zu können. Diese Schritte werden wiederholt, bis die «goldene Mitte» gefunden ist.

Das Wecken an sich erfüllt bereits die größte Voraussetzung für den Erfolg der WBTB-Technik. Trotzdem sollte die Zeit zwischen Wecken und «zurück ins Bett» möglichst zielführend genutzt werden. Sobald der Wecker klingelt, gelten wie immer die bereits bekannten Regeln für optimale Traumerinnerung. Die werden hier besonders wichtig, da die Wahrscheinlichkeit sehr groß ist, dass Sie direkt aus einem Traum geweckt werden.

Die wenigen wachen Minuten sind also dafür reserviert, sich so umfassend wie möglich an die kurz zuvor erlebte Traumsituation zu erinnern. Versuchen Sie, Orte, Personen und Handlungen zu erkennen. Gab es klare Signale für einen Traum, Ungereimtheiten, anhand derer Sie die Wirklichkeit der Traumwelt hätten in Frage stellen können? Idealerweise gelingt es, diese kritische Denkweise in die folgende Traumphase zu retten.

Ist der Erinnerungsprozess abgeschlossen, könnte zwar im Prinzip direkt weitergeschlafen werden, es hat sich jedoch als effektiver erwiesen, zunächst das noch sehr trübe Bewusstsein vollends aufzuwecken. Ich muss zugeben, dass ich Sie mit der Einleitung dieses Kapitels ein wenig in Sicherheit wiegen wollte, denn zu diesem Zweck sollten Sie vorerst doch am besten kurz aufstehen, bevor wieder weitergeschlafen wird.

In dieser wachen Zeit sollten Sie am besten mehrere Reality-Checks machen und in Gedanken die Intention festigen, in der anstehenden Schlafphase einen Klartraum zu erleben. Machen Sie einen Eintrag ins Nächtebuch, falls schon eine Erinnerung an vergangene Träume vorhanden ist, oder lesen Sie die bereits gesammelten Einträge und Notizen noch einmal genau durch. Ignorieren Sie währenddessen in Gedanken jegliche Ablenkung, zum Beispiel in Form von Planung des bevorstehenden Tages. Dafür ist noch genug Zeit, wenn Sie später zum zweiten Mal an diesem Morgen erwachen. Auch die optimale Dauer dieser Konzentrationsphase müssen Sie mit der Zeit ermitteln.

Wenn Sie Probleme damit haben, schnell wieder einzuschlafen, stehen Sie ruhig noch einmal auf und warten darauf, dass sich wieder ausreichend Müdigkeit bemerkbar macht. Hilft auch das nicht dabei, wieder einzuschlafen, sollten Sie sich beim nächsten Mal vielleicht lieber früher wecken lassen. Notieren Sie sich einfach jedes Mal den ursprünglichen Weckzeitpunkt (wie viele Stunden nach dem Einschlafen?) und wie lange Sie sich bis zum zweiten Schlafabschnitt Zeit gelassen haben. Anhand dieser Zahlen werden Sie bald mit ein wenig Experimentierfreude die Variablen ermitteln können, die für Sie persönlich die besten Ergebnisse liefern.

Wenn Sie sich wieder hinlegen, sollten Sie noch ein paar Reality-Checks machen, sich erneut fest vornehmen, dies auch in den anstehenden Traumphasen zu tun und dann langsam wieder in einen tiefen Schlaf fallen.

NICKERCHEN MIT RHYTHMUS –
RHYTHM NAPPING

Jeder von uns weiß, spätestens seit den ersten Versuchen mit der WBTB-Technik, wie gut es sich anfühlt, den Wecker ruhigzustellen und noch eine Runde weiterzuschlafen. Daher freut es Sie sicher, zu lesen, dass Sie auch bei der Anwendung der nächsten Methode diesen Moment genießen können, und zwar gleich reihenweise. Es handelt sich dabei um das sogenannte *Rhythm Napping*, bei dem der Schlaf in bestimmten Zeitintervallen immer wieder kurz mit einem Tonsignal unterbrochen wird. Der ständige Wechsel zwischen Wach- und Traumzustand erhöht dabei enorm die Chance, das Bewusstsein innerhalb einer der zahlreichen Traumphasen zu erlangen.

Es ist im Grunde genommen eine radikalere Variante von WBTB und daher eher für Fortgeschrittene geeignet.

Diese Methode wurde ursprünglich in der Online-Community *Saltcube* entwickelt und ist eigentlich ganz einfach, da praktisch keine eigene Leistung erbracht werden muss, um sie erfolgreich anzuwenden. Der größte Aufwand besteht darin, die geeignete technische Lösung für die Weckintervalle zu finden, diese eventuell an persönliche Bedürfnisse anzupassen und den effektivsten Zeitraum für die Anwendung dieser Methode zu ermitteln. Der Rest funktioniert dann buchstäblich wie im Schlaf.

Doch stellt das Rhythm Napping einen großen Eingriff in Ihr Schlafverhalten dar, daher sollten Sie Ihre ersten Versuche auf die Wochenenden legen.

Vorbereitung

Lösen wir also zunächst gemeinsam das Problem der technischen Voraussetzungen für die Wecksignale. Haben Sie einen Wecker? Wunderbar! Damit wäre das auch erledigt.

Nein, ganz so einfach ist das in diesem Fall leider nicht. Für optimale Ergebnisse bieten die meisten Wecker einfach nicht die nötigen Einstellungsmöglichkeiten. Sie wollen nämlich ein sehr kurzes (gerade eben so lang, dass es Sie weckt) hochtöniges Wecksignal, das Sie automatisch in zunächst ansteigenden, dann aber gleichbleibenden Zeitabständen mit einer Lautstärke weckt, die Sie zwar zuverlässig wach macht, aber möglichst nicht erschreckt. Selbst ein Smartphone scheitert leider oft daran, freiwillig nach zehn Sekunden wieder zu verstummen.

Eine gute Lösung bietet der Weg über einen MP3-Player. Sie benötigen nur zwei Dateien: ein geeignetes Wecksignal und eine Minute Stille. Eine Google-Suche nach «rhythm napping timer mp3» liefert zahlreiche Möglichkeiten, um bereits vorbereitete Dateien kostenlos herunterzuladen. Sie können sich dann eine Wiedergabeliste basteln, die für die nötigen Weckintervalle sorgt, beispielsweise viermal eine Minute Stille, dann das Wecksignal, achtmal eine Minute Stille, das Wecksignal und so weiter. Wenn Sie das nicht selber hinbekommen, kennen Sie garantiert jemanden, für den es ein Kinderspiel ist. Sie können natürlich jedes MP3-fähige Gerät wie DVD-Player, Stereoanlage oder den Computer nutzen. Kopfhörer haben den Vorteil, dass sie gleichzeitig ablenkende Umgebungsgeräusche dämpfen und Unbeteiligte davor bewahren, unfreiwillig an Ihrem Experiment teilzunehmen.

Wenn eine solche Lösung für Sie nicht in Frage kommt,

heißt das jedoch nicht, dass Sie das Rhythm Napping bereits abschreiben müssen. Selbst mit einer gewöhnlichen Eieruhr kann es funktionieren. Sie verlieren jedoch in diesem Fall den riesigen Vorteil, sich während der gesamten Dauer der Weckintervalle nicht bewegen zu müssen. Es lohnt sich also durchaus, sich einmalig die Mühe zu machen, für eine etwas elegantere und effektivere Lösung zu sorgen.

Kombination mit WBTB

Das Rhythm Napping sollte ausschließlich mit der zuvor gelernten WBTB-Technik kombiniert oder für einen ausgedehnten Mittagsschlaf genutzt werden. Der Grund dafür sollte ja bereits bekannt sein. Wir wollen unsere Versuche möglichst in einem Zeitraum machen, in dem die REM-Phasen länger sind, also der Traumschlaf deutlich ausgedehnter und intensiver ausfällt. Ein guter Ausgangspunkt dafür ist, wie auch bereits im Zuge der WBTB-Technik vorgeschlagen, ein Weckzeitpunkt von fünf Stunden nach dem Einschlafen. Ganz wichtig ist eine ausreichende Müdigkeit, da Sie am besten bereits wenige Minuten nach dem Start der Weckintervalle wieder tief und fest schlafen sollten. Es wird später noch deutlich, warum Sie sonst zu Beginn unnötig viel Zeit verlieren würden, bevor der gewünschte Effekt eintritt.

Das Prinzip hinter den Intervallen ist so simpel wie genial. Sie sollen uns zunächst unterbewusst daran gewöhnen, in festen Abständen geweckt zu werden. Nach dieser Eingewöhnungsphase fehlt jedoch plötzlich das regelmäßige Wecksignal, während wir aber weiterhin unterbewusst darauf vorbereitet sind, zu reagieren. Im Anschluss daran wird das

Wecksignal erneut im gewohnten Abstand wiedergegeben, bleibt danach dann gleich zweimal in Folge aus und so weiter.

Ein Beispiel für die jeweiligen Abstände mit einem Basiswert von vier Minuten verdeutlicht die Idee: Sie lassen sich drei Mal in Folge nach vier Minuten wecken, dann nach acht Minuten, nach zwölf Minuten. Der Basiswert wird also schrittweise addiert. Gesteuert von unserer inneren Uhr, entwickelt sich so zunächst die Erwartung, jeweils nach vier Minuten geweckt zu werden, doch die erste Verdopplung des Basiswertes sorgt dafür, dass diese Erwartung zwischenzeitlich nicht erfüllt wird. Zu diesem Zeitpunkt wird die innere Uhr automatisch zurückgesetzt, und wir erwarten nach weiteren vier Minuten erneut ein Wecksignal, welches dann auch wieder eintritt und die Vermutung an die Abstände so aufs Neue festigt. Jedes Mal, wenn das Wecksignal jedoch ausbleibt, besteht natürlich trotzdem eine erhöhte Aufmerksamkeit, die in den zwischenzeitlichen Traumphasen die Chance erhöht, diese als solche zu erkennen und das Bewusstsein erfolgreich in den Traum zu integrieren.

Wählen Sie zunächst einen realistischen Zeitraum, in dem Sie auf jeden Fall wieder einschlafen können. Das erste Wecksignal ertönt also zum Beispiel zehn Minuten, nachdem Sie sich hingelegt haben. Ab diesem Zeitpunkt starten dann sofort die eigentlichen Weckintervalle. Den Basiswert wählen Sie dabei Ihren individuellen Bedürfnissen entsprechend. Angefangen bei zwei Minuten, wenn Sie sehr schnell wieder einschlafen können, bis vielleicht maximal zehn Minuten, wenn Sie erfahrungsgemäß länger brauchen. Das Wecksignal ertönt dann, wie bereits besprochen, zunächst drei Mal im Abstand des gewählten Basiswerts, dann im doppelten Abstand, im dreifachen, vierfachen und so weiter.

Alles, was Sie tun müssen, ist, mit geschlossenen Augen regungslos liegen zu bleiben und immer wieder möglichst schnell einzuschlafen. Sie müssen sich dabei in der Regel keine Sorgen machen, durch den Wecker aus einem Klartraum gerissen zu werden. In der Regel treten diese nämlich erst in einem der späteren Intervalle auf und können so meist voll ausgekostet werden. Denken Sie daran, sich auf jeden Fall auch einen regulären Wecker zu stellen (mit einem anderen Weckton), um nicht zu verschlafen, falls Sie am Morgen Termine haben. Man verliert bei dieser Methode, besonders aufgrund der vollautomatisierten Wecksignale, schnell ein Gefühl für die bereits verstrichene Zeit.

Wenn Sie auf eine Eieruhr oder ähnlich simple Lösungen zurückgreifen, ist wohl spätestens jetzt deutlich geworden, wie problematisch es ist, sich selbst um die entsprechenden Intervalle zu kümmern. Es ist in diesem Fall daher einen Versuch wert, diese Methode in vereinfachter Form anzuwenden. Wählen Sie zum Beispiel einen festen Abstand wie die oben erwähnten zehn Minuten für die Wecksignale und wiederholen Sie diese mindestens fünf Mal, um auch so die innere Uhr ausreichend konditionieren zu können. Danach erhöhen Sie den Abstand auf 20 Minuten und wiederholen auch diesen dann kontinuierlich, bis Sie nicht mehr müde genug sind oder aufstehen müssen. Mit ein wenig Glück stellt sich auch bei dieser Variante früher oder später der gewünschte Effekt ein. Im schlimmsten Fall haben Sie so ein bis zwei lange Traumphasen mehrfach unterteilt und damit natürlich auch automatisch mehrfach die Chance, in einem Klartraum zu landen.

REM-KONDITIONIERUNG

Ziel dieser Technik ist es, das bereits bekannte Konzept der Reality-Checks mit den letzten Stunden der Nacht, und damit den für einen Klartraum aussichtsreichsten, weil längsten REM-Phasen, in Verbindung zu bringen. Sie eignet sich besonders für Menschen, die einen regelmäßigen Schlafrhythmus haben. Für die Konditionierungsphase sollten Sie mindestens drei, besser jedoch fünf Tage einplanen. In diesem Zeitraum werden Sie sich jeden Tag 60 bis 90 Minuten vor der Uhrzeit, zu der Sie regelmäßig aufstehen, wecken lassen. Sie können anschließend Ihrer normalen Morgenroutine nachgehen, mit dem Unterschied, dass Sie mindestens eine Stunde lang, im Abstand von wenigen Minuten, zahlreiche Reality-Checks durchführen werden.

Wenn Sie also beispielsweise werktags um 23.00 Uhr einschlafen und um 8.00 Uhr aufwachen, beginnen Sie an einem Montag damit, sich fortan um 7.00 Uhr wecken zu lassen. Ihre Schlafenszeit bleibt dabei unverändert, idealerweise bis einschließlich Freitagabend. Bevor Sie einschlafen, nehmen Sie sich dabei jeden Abend fest vor, zur neuen Uhrzeit aufzuwachen und sofort mit den Reality-Checks zu beginnen. Ich weiß, das kostet Überwindung, aber es lohnt sich.

Die Konditionierungsphase ist damit am Freitagmorgen abgeschlossen. Sie nehmen sich zwar am darauffolgenden Abend trotzdem noch vor, zum früheren Zeitpunkt wach zu werden und mit den Reality-Checks zu beginnen, stellen sich jedoch für den Samstagmorgen keinen Wecker mehr. Nachdem Sie sich über die vergangene Woche antrainiert haben, innerhalb der letzten Morgenstunde Reality-Checks durchzuführen und sich Ihr Gehirn daran gewöhnt hat, bereits kritisch zu denken, überträgt sich diese neue Routine mit ein wenig Glück automatisch in eine REM-Phase und löst so einen Klartraum aus.

Diesen Effekt können Sie eine Zeitlang ausdehnen, indem Sie ab sofort im täglichen Wechsel einmal früh aufstehen und Reality-Checks machen und den darauffolgenden Tag wieder um Ihre reguläre Uhrzeit beginnen. Es kann erfahrungsgemäß passieren, dass Sie auch ohne den Wecker, von der inneren Uhr gesteuert, früher wach werden. Das ist aber nicht tragisch. Nutzen Sie die Situation einfach, um die WBTB- oder WILD-Technik auszuprobieren. Auch in diesem Fall war die vergangene Woche keineswegs umsonst und Sie profitieren weiterhin von gesteigerter Aufmerksamkeit und der konditionierten Gewohnheit, in diesem Zeitraum Reality-Checks durchzuführen.

Da ich selbst morgens nur schwer aus dem Bett komme, kann ich verstehen, wie wertvoll gerade diese letzte Stunde Schlaf ist, die Sie hier diszipliniert opfern sollen. Aus diesem Grund wird die REM-Konditionierung auch selten als eine Dauerlösung, sondern eher als ein «drastisches Mittel» genutzt, wenn andere Techniken scheitern. Sehen Sie das Ganze am besten als eine Art Experiment mit hoher Aussicht auf Erfolg.

73

WACH BLEIBEN – WILD

WILD steht wie erwähnt für Wake-Initiated Lucid Dream, sinngemäß übersetzt: ein aus dem Wachzustand heraus eingeleiteter Klartraum. Auch diese Technik wurde von Dr. Stephen LaBerge entwickelt, um Klarträume zuverlässig und vor allem zeitnah, sprich unmittelbar nach dem Einschlafen, unter Laborbedingungen möglich zu machen. Ziel ist es dabei, das wache Bewusstsein aktiv zu halten, während der Körper den Einschlafprozess durchläuft und die Schlafparalyse einsetzt.

Dazu ist es unter anderem nötig, eine längere Zeit jede noch so kleine Bewegung zu vermeiden, was schnell zu einer echten Herausforderung werden kann. Schafft man dies jedoch lange genug, kann man den Übergang vom Wachzustand in einen Traum durchlaufen, ohne dabei vorübergehend das Bewusstsein zu verlieren.

Ein solcher Klartraum entsteht also nicht durch Erlangung des kritischen Bewusstseins innerhalb des bereits ablaufenden Traums, sondern indem Sie ununterbrochen wach bleiben und direkt in die entstehende Traumphase «einsteigen».

Mit entsprechender Übung und Disziplin kann dies eine der außergewöhnlichsten Erfahrungen werden, die Sie machen können. Wenn Sie zum ersten Mal einen Klartraum auf diesem Wege einleiten und daraus die Motivation schöpfen, kontinuierlich an den nötigen Voraussetzungen zu arbeiten, kann die WILD-Technik zu einem dauerhaften, direkten Zugang zur Traumwelt werden, der es ermöglicht, Klarträume zu erleben, wann immer Ihnen der Sinn danach steht.

Schritt 1 – Atmosphäre

Bei der WILD-Technik sind die richtigen Rahmenbedingungen besonders wichtig. Vor allem der Zeitpunkt spielt eine entscheidende Rolle. Bemühungen am Abend vor dem regulären Einschlafen sind erfahrungsgemäß wesentlich seltener von Erfolg gekrönt, als ein Versuch am frühen Morgen nach dem Aufwachen oder in der Mittagszeit bei einem Nickerchen. Das liegt daran, dass man bei dieser Technik im Optimalfall direkt nach dem Einschlafen des Körpers in eine REM-Phase und damit in den Traumschlaf gelangen will. Wie bereits besprochen, sind diese Phasen im späteren Verlauf des Schlafes deutlich intensiver, wobei ein Mittagsschläfchen in diesem Fall als eine Verlängerung des Nachtschlafes gewertet werden kann. Planen Sie Ihre ersten Versuche mit der WILD-Technik also ausschließlich für diese Zeiträume ein.

Auch die geeignete Umgebung spielt bei der WILD-Technik eine besondere Rolle. Da für die nächsten Schritte äußerste Konzentration und körperliche Entspannung nötig sein werden, sollten auch noch so unscheinbare Quellen potenzieller Ablenkung eliminiert werden. Damit meine ich zum Beispiel Details wie unangenehme Gerüche alter Bettwäsche oder abgestandene, trockene Luft im Raum.

Eine ungewohnte oder fremde Schlafumgebung kann dabei helfen, das Bewusstsein über den nötigen Zeitraum hinaus aktiv zu halten. Stephen LaBerge selbst hat nach eigener Aussage zum Beispiel im Schlaflabor deutlich häufiger Erfolg mit der WILD-Technik, als in den eigenen vier Wänden. Ich selbst habe die gleiche Erfahrung zum Beispiel während einer Übernachtung bei Freunden, im Urlaub oder beim Zelten gemacht. Man scheint einfach automatisch wachsamer zu bleiben, wenn man mit den unbekannten Variablen einer fremden Umgebung konfrontiert wird.

Schritt 2 – Entspannung

Eine gelockerte Muskulatur ist für die WILD-Technik wichtig, da Verspannungen es deutlich schwieriger machen, das Bewusstsein vom Körpergefühl zu trennen und das Verlangen nach einer Korrektur der Liegeposition zu ignorieren. Es ist zwar nicht zwangsläufig notwendig, aus diesem Grunde vorher aktiv Verspannungen zu lockern, jedoch wird Ihnen spätestens nach den ersten Versuchen klar werden, warum man diesen Schritt nicht überspringen sollte.

Eine Ausnahme besteht in Kombination mit der WBTB-Technik. Wenn Sie aufwachen und direkt mit den weiteren Schritten der WILD-Methode beginnen, sind Sie ohnehin schon sehr entspannt und können den aktiven Teil der Entspannungsphase in der Regel überspringen. Wenn Sie bereits Erfahrungen damit haben, was für Sie am besten funktioniert, bleiben Sie ruhig dabei. Ihre Dehnübungen vor dem Sport, eine bewährte Yoga-Routine oder bekannte Techniken zur progressiven Muskelentspannung – solange Sie am Ende von Kopf bis Fuß entspannt sind, kann nichts schiefgehen. Wenn Sie noch keine Erfahrungen auf diesem Gebiet haben, erkläre ich Ihnen nun eine Möglichkeit, die nicht mehr als fünf bis zehn Minuten in Anspruch nimmt und sich über die Jahre als sehr effektiv erwiesen hat.

Methode zur effektiven Entspannung

Ein großer Teil der Verspannungen sammelt sich im Laufe des Tages in den Schultern, im Nacken und in der Kiefermuskulatur. Noch bevor ich ins Bett gehe, beginne ich deshalb damit, mich diesen Problemzonen zu widmen. Ich lege dazu meine Handballen bei weit geöffnetem Mund auf die Kaumuskeln, die über der Verbindung von Ober- und Unterkiefer liegen, und massiere sie für etwa 30 Sekunden mit reichlich Druck in kreisenden Bewegungen. Im Anschluss neige ich meinen Kopf drei Mal abwechselnd so weit wie möglich nach links, rechts, vorne und hinten und halte die jeweils äußerste Position für einige Sekunden. Um die Schultern zu entspannen, lasse ich meine Arme locker hängen und hebe dann abwechselnd kurz die Schulterblätter Richtung Ohrläppchen. Auch hier verweile ich wieder einige Sekunden in der jeweils äußersten Position und wiederhole das Ganze so lange, bis ich eine deutliche Lockerung verspüre. Abschließend strecke ich die Arme zu den Seiten aus (so wie die Jesus-Statue in Rio) und lasse sie abwechselnd mit und gegen den Uhrzeigersinn kreisen.

Selbst bei dieser kurzen Routine achte ich bewusst darauf, nur sehr langsame Bewegungen zu machen, um nicht noch kurz vor dem WILD-Versuch meinen Kreislauf unnötig in Fahrt zu bringen. Für mich persönlich reichen diese Maßnahmen schon völlig aus, um die problematischsten Verspannungen zu lockern. Wenn Sie persönlich weitere Problemzonen erkennen, die den weiteren Verlauf stören, sollten Sie dieses Programm natürlich um entsprechende Übungen erweitern.

Grundsätzlich kann man die WILD-Technik in jeder Liegeposition, die eine völlige Entspannung des Körpers ermöglicht, anwenden. Am beliebtesten ist jedoch die Rückenlage, da sich der Druck auf den Körper gleichmäßig verteilt und

77

alle Gliedmaßen optimal durchblutet werden können. Das ist wichtig, da jede Bewegung, um zum Beispiel auf einen eingeschlafenen Arm zu reagieren, sofort den bisherigen Fortschritt zunichtemachen würde. Sobald ich eine geeignete Position gefunden habe, in der ich lange Zeit bequem verweilen kann, startet der zweite Teil meiner Entspannungsmaßnahmen. Dazu habe ich meinen Körper in elf Regionen aufgeteilt, auf deren Entspannung ich mich nacheinander in dieser Reihenfolge konzentriere: Füße, Unterschenkel, Oberschenkel, Unterleib, Hände, Bauch, Unterarme, Brust und Schultern, Oberarme, Nacken und schließlich die Gesichtsmuskulatur. Ich achte dabei auf eine tiefe Atmung und lockere bei jedem Ausatmen Schritt für Schritt die übrigen Verspannungen. Meistens wiederhole ich alles noch ein bis zwei Mal in umgekehrter Reihenfolge, bis keine Verbesserung mehr festzustellen ist und ich komplett «losgelassen» habe. Das Ganze dauert meist nicht einmal zehn Minuten, liefert zuverlässig eine optimale Entspannung und damit beste Voraussetzungen für den weiteren Verlauf.

Schritt 3 – Stillstand

Die wichtigste WILD-Phase ist gleichzeitig leider auch die, an der die meisten Anfänger scheitern. Wenn man nicht auf die Probleme vorbereitet ist, mit denen man konfrontiert wird, kann großer Frust entstehen, der schnell zum frühzeitigen Abbruch führt. Dabei klingt es nicht gerade schwierig: Sie müssen im Prinzip nur einen längeren Zeitraum absolut regungslos liegen bleiben und darauf achten, dass Sie bei Bewusstsein bleiben. Das ist jedoch oft leichter gesagt als getan.

Ziel ist es, den Körper gewissermaßen auszutricksen und ihm weiszumachen, dass der Geist sich bereits in tiefem Schlaf befindet. Jede bewusst ausgeführte Bewegung ist jedoch sofort ein Beweis dafür, dass dies noch nicht der Fall ist, und verhindert, dass die Schlafparalyse einsetzt. Aber genau darum geht es.

Die größte Herausforderung besteht darin, selbst die Bewegung der geschlossenen Augen, kleinste Korrekturen der Liegeposition oder ein bewusstes Schlucken zu unterbinden. Unter Umständen erfordert das ungeahnte Disziplin und Konzentration, gerade wenn die Schlafparalyse gefühlte Stunden auf sich warten lässt.

In dieser Zeit werden sich Ihnen früher oder später weitere Steine in den Weg legen. Nicht enden wollender Juckreiz, ein unglaublich intensives Bedürfnis, die Beine oder Arme zu bewegen, ein merkwürdiges Gefühl von Druck in den Gelenken, plötzlicher Harndrang, ein staubtrockener Mund oder extreme Speichelproduktion müssen natürlich konsequent ignoriert werden. Was sonst eine nervige Unannehmlichkeit darstellt, wird so oft zu einem echten Test für Ihre Willenskraft und Körperkontrolle. Sie müssen lernen, Ihr Bewusstsein völlig von diesen Einflüssen zu trennen und ihnen einfach keine Beachtung schenken.

Denken Sie nicht zu viel
Gleichzeitig müssen Sie natürlich darauf achten, dass Sie Ihre Gedanken nicht zu lange wandern lassen. Das führt oft dazu, dass Sie trotz allem einfach ganz normal einschlafen. Konzentrieren Sie sich am besten weitestgehend auf die Atmung, und erinnern Sie sich ständig an das Experiment, das gerade seinen Lauf nimmt. Es hat sich als hilfreich erwiesen, die At-

mung bewusst an die des Tiefschlafes anzupassen. Ich habe dazu meine Atemgeräusche im Schlaf mit einem Diktiergerät aufgezeichnet, um herauszufinden, wie sich der Rhythmus vom Wachzustand unterscheidet. Dieser Schritt ist zwar nicht unbedingt nötig, die Erfahrung hat jedoch gezeigt, dass man so die Zeit bis zur Schlafparalyse anscheinend deutlich verkürzen kann.

Wenn diese schließlich einsetzt, fühlt sich das in etwa so an, als würde jemand eine schwere Decke auf Sie legen. Dieses Gefühl beginnt meist in den Beinen und wandert dann aufwärts Richtung Kopf. Es ist besonders wichtig, nicht dagegen anzukämpfen und die Neugier danach, ob man sich noch bewegen kann, zu ignorieren. So ungewöhnlich sich die Schlafparalyse für Sie zunächst anfühlen mag, es besteht kein Grund zur Panik. Sie durchlaufen diesen Prozess bereits Ihr gesamtes Leben jede Nacht aufs Neue. Der einzige Unterschied ist, dass Sie ihn diesmal bei vollem Bewusstsein beobachten können.

Schritt 4 – Visualisierung

Sobald ein Zustand tiefer Entspannung erreicht ist oder die Schlafparalyse bereits ihren Lauf nimmt, können Sie Ihr Bewusstsein mit Hilfe einiger Visualisierungstechniken gewissermaßen ins Innere richten und sich so auf den Übergang in die Traumwelt vorbereiten. Dazu rufen Sie sich ein bestimmtes Bild oder Symbol vor das «innere Auge» und konzentrieren sich darauf, dieses immer detaillierter in Erscheinung treten zu lassen.

Diese uralte Technik wurde bereits im Zuge des Traumyogas praktiziert. Die Yogis visualisierten dabei zum Beispiel so lange eine Flamme innerhalb einer Lotusblüte, bis sie sich dieses Symbol nicht mehr bewusst vorstellen mussten, sondern es permanent klar und deutlich vor sich sahen. Zu diesem Zeitpunkt hatte der Traumzustand bereits die Aufgabe übernommen, das Bild darzustellen, und der Klartraum hatte begonnen.

Die Erfahrung zeigt, dass es nicht wirklich ausschlaggebend ist, was man visualisiert, sondern wie man dies tut. Sie können also Ihrer Kreativität freien Lauf lassen, indem Sie eigene Bilder und Symbole entwickeln. Ich selbst visualisiere mein Schlafzimmer. Der Vorteil ist, dass man bereits über eine realistische bildliche Vorstellung verfügt und ein ganzer Raum unzählige Möglichkeiten bietet, das Bild ständig mit neuen Details anzureichern.

Eine weitere beliebte Form der Visualisierung besteht in der Vorstellung eines Treppenhauses. Während Sie hinaufsteigen, zählen Sie die Stockwerke. Auch diese Variante bietet genug Raum für ein ständig detaillierter werdendes Bild und hat gleichzeitig einen hypnotisierenden Effekt, ähnlich wie beim «Schäfchenzählen». Er hilft dabei, den Körper und das wache Umfeld zu vergessen, während man das logische Denken mittels der Aufgabe, zu zählen, beschäftigt und so aktiv hält.

Unabhängig vom Gegenstand der Visualisierung ist es in erster Linie wichtig, die Vorstellung davon nicht auf die «Leinwand» der geschlossenen Augenlider zu projizieren, sprich wie gewohnt die Sicht mit den Augen in Verbindung zu bringen. Denn die haben schließlich nichts mit der bildlichen Vorstellungskraft zu tun. Wenn man sie bei dem Versuch, sich innerhalb seiner Visualisierung umzusehen, bewegt, kann

81

sich das auch negativ auf die wichtige Trennung von Körper und Geist auswirken.

Es sei abschließend gesagt, dass diese Technik keineswegs nötig ist, um mit der WILD-Methode Erfolg zu haben. Wenn es Ihnen also schwerfällt, sich gleichzeitig weiterhin auf die anderen wichtigen Aspekte in diesem Prozess (entspannt bleiben, den Körper nicht bewegen, die Atmung konstant halten) zu konzentrieren, sollten Sie diesen Schritt zunächst vielleicht lieber überspringen.

Schritt 5 – Durchbruch

Jetzt wird es richtig spannend, denn wir nähern uns dem bewusst erlebten Übergang zum Traumzustand, der die WILD-Technik zu einer so einzigartigen Erfahrung macht. Die Schlafparalyse hat Ihren Körper nun komplett außer Gefecht gesetzt und Sie von der Verantwortung befreit, bewusst darauf zu achten, sich nicht zu bewegen. Sie sollten es jedoch trotzdem gar nicht erst versuchen, egal wie neugierig Sie sind, da sonst unter Umständen die ganze Mühe umsonst war. Wie Sie auf die Ereignisse der kommenden Minuten reagieren, entscheidet, ob Sie erfolgreich in einem Klartraum landen oder der Versuch im letzten Moment doch noch scheitert.

Das Wort «Ereignisse» ist bewusst vage gewählt, da sich die Erfahrungen individuell unterscheiden und auch Sie selbst mit jedem weiteren Versuch nie genau wissen werden, was Sie erwartet. Es gibt nur eine Aussage, die für diese Übergangsphase wohl allgemein gültig ist: Machen Sie sich auf eine völlig fremdartige Erfahrung gefasst. Ich werde nun anhand meiner eigenen Beobachtungen und den unzähligen

82

Berichten über erfolgreiche WILD-Versuche, die ich bis heute gelesen habe, eine möglichst übergreifende Beschreibung wagen, was möglicherweise auf Sie zukommt.

Der Übergang in den Traumzustand beginnt meist mit einem deutlichen Körpergefühl, das sich unterschiedlich intensiv bemerkbar macht. Viele beschreiben dieses Gefühl als eine Art Vibration, die entweder konstant bleibt, zunehmend stärker wird oder in Wellen kommt und geht. Sie kann so intensiv werden, dass man als Anfänger leicht in Panik gerät. Es wird aber auch teilweise von einem starken Druck im Körperinneren oder einer intensiven Wärme berichtet. Oft fühlt man sich gleichzeitig so, als ob der gesamte Körper von einer unbekannten Kraft bewegt oder angezogen wird. Das wirkt, als ob man langsam in der Matratze versinkt oder Richtung Decke schwebt, kann aber durchaus auch deutlich turbulenter ablaufen oder völlig ausbleiben.

Ein weiteres, offenbar weitverbreitetes Phänomen macht sich in Form eines starken Druckes auf den Ohren, der in seltenen Fällen sogar schmerzhaft erscheinen kann, begleitet von einem lauten, summenden Geräusch, das ich persönlich respektvoll die «Jet-Turbine» getauft habe, bemerkbar. Man kann jedoch auch die verschiedensten undefinierbaren oder bekannten Geräusche, auch Stimmen wahrnehmen. Das Ganze spielt sich entweder in völliger Dunkelheit oder von komplexen, bunten Mustern sowie von realistischen oder surrealen Bildern begleitet ab. Das Phänomen solcher optischer Halluzinationen, die Sie vereinzelt wahrscheinlich bereits vom regulären Einschlafprozess kennen, bezeichnet man als *hypnagoge Bilder*. Diese Bilder können sich auch teilweise in Form des sogenannten «Transparente-Augenlider-Effekts» bemerkbar machen, bei dem man eine Repräsentation des eigenen Schlafplatzes sieht, als könne man diesen durch die geschlossenen Augenlider hindurch deutlich erkennen. Welche Form die Übergangsphase in den Traum für Sie persönlich auch annehmen mag, eine «interessante» Erfahrung ist vorprogrammiert, um es milde auszudrücken.

Wie bereits erwähnt, entscheidet Ihre Reaktion auf die Ereignisse in der Übergangsphase, ob Sie in einem Klartraum landen oder in letzter Minute doch noch scheitern. Sie dürfen auf keinen Fall bereits versuchen, die Bilder, Stimmen, Emotionen und Ihr Körpergefühl in irgendeiner Art und Weise zu beeinflussen. Ihr Bewusstsein ist weiterhin nur ein heimlicher «blinder Passagier», bis kein Zweifel mehr daran besteht, dass Sie, metaphorisch ausgedrückt, im Hafen der Traumwelt vor Anker gegangen sind. Jeglicher Einfluss Ihrerseits wird im schlimmsten Fall den natürlichen Prozess unterbrechen, der bis zu diesem Zeitpunkt ungestört seinen Lauf nehmen muss.

Sie werden auf jeden Fall merken, wenn es so weit ist, da Sie plötzlich sämtliche «Symptome» und Empfindungen der Übergangsphase verlieren und es manchmal einen Moment lang so scheint, als existiere nichts, außer Ihren Gedanken. Wenn Sie sich kurz darauf nicht unmittelbar in der Traumwelt befinden, versuchen Sie vorsichtig die Augen zu öffnen. Seien Sie nicht enttäuscht, wenn Sie sich in Ihrem Schlafzimmer wiederfinden. Das muss nicht gleich bedeuten, dass Sie aufgewacht sind. Machen Sie in jedem Fall sofort einen Reality-Check, um sich zu vergewissern, dass Sie nicht doch erfolgreich in einem Traum gelandet sind. Sollten Sie wirklich aufgewacht sein, schließen Sie wieder die Augen und bleiben Sie einfach weiterhin ruhig liegen. Die Wahrscheinlichkeit ist groß, dass Sie schnell eine weitere Chance bekommen werden.

TRAUMLENKUNG OHNE KLARHEIT – TRAUMINKUBATION

Wer kennt das nicht? Man liegt im Bett und findet einfach keine Ruhe, weil man von einem Problem geplagt ist oder vor einer wichtigen Entscheidung steht. Die Gedanken rasen, und man hat sich bereits damit abgefunden, dass es mal wieder eine kurze Nacht wird. Am Morgen darauf erinnert man sich an einen Traum, der offenbar davon handelte, eine Antwort auf die Fragen zu finden, die einen beschäftigten.

Sollte es Ihnen bislang nicht gelungen sein, einen DILD- oder einen WILD-Klartraum auszulösen, ist die Technik der Trauminkubation eine weitere, etwas indirektere Möglichkeit, Trauminhalte zu beeinflussen.

Der US-Psychologe William Domhoff geht innerhalb seiner Kontinuitätstheorie davon aus, dass Träume uns in erster Linie dabei helfen, die Welt um uns herum und die Erfahrungen, die wir machen, aus der Sicht unseres individuellen Blickwinkels besser zu verstehen. Domhoff konnte mittels einer quantitativen Analyse seines weltweit größten Archivs von Traumberichten zeigen, dass unsere Träume weitestgehend davon bestimmt sind, was uns persönlich am wichtigsten ist und akut beschäftigt. Auch wenn sich dieser Zusammenhang oft symbolisch, nur indirekt zeigt, er besteht immer.

Die bereits seit Jahrhunderten praktizierte Technik der Trauminkubation macht sich diese Verbindung zunutze, um den Traumzustand in ein Werkzeug zur kreativen Problemlösung und Inspiration zu verwandeln. Ziel dabei ist es, die Inhalte der Träume bewusst in eine bestimmte Richtung zu lenken, um bei der Lösung wichtiger Probleme zu helfen.

Zahlreiche wissenschaftliche Entdeckungen, revolutionäre Erfindungen oder bedeutende Kunstwerke können auf einen Durchbruch im Traum zurückgeführt werden. Zu den bekanntesten Beispielen zählt die Ballade «Yesterday» der Beatles, deren Melodie Paul McCartney in einem Traum durch den Kopf ging. Er gab zu, dass er nie zuvor etwas Vergleichbares komponiert hatte, und war sich unsicher, ob ihm der gigantische Erfolg des Songs überhaupt zugeschrieben werden sollte. Der Amerikaner Elias Howe, Erfinder der Nähmaschine im Jahre 1845, war verzweifelt auf der Suche nach einem geeigneten Design für die Nadel seiner Maschine. Eines Nachts fand er sich in einem Albtraum umzingelt von Eingeborenen wieder, die mit Speeren bewaffnet um ihn herumtanzten. Er bemerkte, dass die Speerspitzen alle ein Loch nahe der Spitze hatten, und stellte kurze Zeit später fest, dass eine nach dem gleichen Prinzip gefertigte Nadel seine Erfindung endlich patentreif machte. Der «Vater der Neurowissenschaft» Otto Loewi träumte von einem Versuchsaufbau, mit dem er seine Theorie beweisen konnte, dass die Übertragung von Nervenimpulsen auf chemischen Prozessen basiert, und erhielt dafür 1936 den Nobelpreis für Medizin.

Die Trauminkubation kann dabei helfen, solche Momente der Erleuchtung im Traum herbeizuführen. In einer Studie an der Harvard University in Cambridge gab die Psychologin Dr. Deirdre Barrett ihren Studenten die Aufgabe, sich eine Woche lang vor dem Einschlafen auf die Lösung eines bestimmten Problems zu konzentrieren. Die Ergebnisse zeigten, dass etwa zwei Drittel der Versuchspersonen von Träumen berichteten, die das Problem behandelten. Ein Drittel dieser Gruppe wiederum fand auf diesem Wege zu einer sinnvollen Erkenntnis. Dr. Barrett kam nach Analyse der Daten zu dem Ergebnis, dass die im Traumzustand erlangte Erkenntnis nicht nur für den Träumer Sinn ergab, sondern auch für einen unabhängigen Beobachter objektiv zur Lösung des Problems führte.

Die Trauminkubation muss jedoch nicht unbedingt dazu verwendet werden, sich auf die Suche nach Antworten zu begeben. Man kann sich auf diesem Wege auch einfach den Wunsch nach einer bestimmten Erfahrung erfüllen, einen real existierenden oder selbst erdachten Ort besuchen, Personen und Gegenstände Teil seiner Träume werden lassen oder sogar ein über mehrere Nächte fortlaufendes Abenteuer erleben. Diese Technik kann damit gerade Anfängern einen ersten Eindruck dafür vermitteln, wie viel Einfluss wir auf die Trauminhalte nehmen können. Eine derartige Kontrolle ist schließlich sonst nur geübten Klarträumern möglich.

Ich denke es ist deutlich geworden, wie viel Potenzial in der Trauminkubation steckt und warum Sie unbedingt auch mal ein eigenes Experiment wagen sollten. Wie ist es nun also möglich, Träume dieser Art gezielt herbeizuführen?

Die Trauminkubation funktioniert, ähnlich wie die MILD-Technik, mittels Autosuggestion und Visualisierungsübungen. Der Vorgang setzt sich aus drei Elementen zusammen:

Man beginnt (1) mit der Definition und der Ausarbeitung des Problems und entwirft eine passende Fragestellung. Dann (2) formt man vor dem Einschlafen eine feste Intention oder malt sich vor dem inneren Auge bereits ein entsprechendes Traumszenario aus. Nach dem Erwachen (3) analysiert man anschließend die Träume in Bezug auf die erhoffte Antwort oder das gewünschte Szenario. Dieses Vorgehen kann bereits in der ersten Nacht Resultate produzieren, man sollte jedoch mindestens eine Woche lang geduldig an der Inkubation arbeiten, um tiefgründige, wertvolle Ergebnisse zu erzielen.

Schritt 1 – Problem oder Szenario definieren

Entscheiden Sie zunächst, was Sie eigentlich mit der Trauminkubation erreichen wollen. Das weitere Vorgehen richtet sich danach, ob Sie Ihre Träume zur Beantwortung einer wichtigen Frage inspirieren möchten oder nur die allgemeine Thematik und Handlung bestimmen wollen.

Wir gehen einmal davon aus, dass Sie ein Problem beschäftigt, dessen Lösung sich bisher noch nicht offenbart hat. In diesem Fall sollten Sie zu Beginn die Problematik in Form eines kurzen Textes zusammenfassen, um Ihrer Aufmerksamkeit und nicht zuletzt auch dem Unterbewusstsein dabei zu helfen, sich intensiv darauf zu konzentrieren. Hier mal ein kleines Beispiel, wie so etwas in der Praxis aussehen kann:

Mein Chef will einfach nicht einsehen, dass seine Methoden zur Kundengewinnung hoffnungslos veraltet sind. Die Akquise beschränkt sich momentan darauf, anhand einer teuer bezahlten Liste Menschen anzurufen, die noch nie etwas von unserer Firma gehört haben und größtenteils entsprechend genervt reagieren. Dabei haben meine Recherchen gezeigt, dass Google jeden Monat Tausende Suchanfragen bearbeitet, die bereits ein großes Interesse an unseren Leistungen vermuten lassen. Warum sollen wir nach neuen Kunden suchen, wenn potenzielle Kunden bereits täglich nach uns suchen? Ich verzweifle bald daran und kann es nicht mehr lange ertragen, von fremden Leuten beschimpft zu werden, die ich mit meinem unerwünschten Anruf aus dem Mittagsschlaf gerissen habe. Wenn doch bloß dieser alte Dinosaurier verstehen könnte, was für eine große Chance er da so konsequent ignoriert ...

Im nächsten Schritt nutzen Sie diese Beschreibung dazu, eine Frage zu formulieren, die den Kern des Problems definiert. Diese Fragestellung umfasst dann automatisch, gleichermaßen bewusst und unterbewusst, stellvertretend das ganze Problem. Das hilft im Traum später dabei, anhand dieser Informationen ein Gerüst zu schaffen, innerhalb dessen die kreativen Prozesse mit einer möglichen Lösung beauftragt werden können. In unserem Beispiel könnte eine solche Frage wie folgt aussehen:

Wie kann ich meinen Chef davon überzeugen, mal etwas Neues auszuprobieren?

Schreiben Sie diese Frage auf ein Blatt Papier, das Sie dann auf dem Nachttisch oder in Sichtweite Ihres Bettes aufbewahren. So soll in erster Linie ein unterbewusster Bezug zwischen der Fragestellung und dem Ort, an dem Sie später träumen werden, hergestellt werden. Dieser Effekt wird weiter verstärkt, wenn Sie zusätzliche, symbolisch relevante Dinge in Ihrem Schlafzimmer platzieren.

In unserem Beispiel könnte ein Ausdruck der Telefonliste oder das Foto vom sturen Chef als ein solches Symbol dienen. Je mehr Informationen Sie sich so vor Augen halten, desto größer ist am Ende die Wahrscheinlichkeit, dass sich der Traumzustand auch an diesen orientiert.

Wenn Sie nicht nach der Lösung eines Problems oder Antworten auf brennende Fragen suchen, sondern einfach nur Lust haben, eine bestimmte Erfahrung zu machen oder das Leitmotiv kommender Träume zu beeinflussen, gehen Sie dabei ähnlich vor. Auch in diesem Fall sollten Sie zunächst einen Text verfassen, der Ihr Vorhaben beschreibt. Jedoch wird es hierbei deutlich wichtiger, ein wenig mehr ins Detail zu gehen und bereits eine deutliche Vorstellung davon zu entwickeln, wie sich Ihnen der gewünschte Traum in Zukunft präsentieren könnte. Zu diesem Zweck hat es sich bewährt, einen entsprechend gekennzeichneten Eintrag im Traumtagebuch zu verfassen und dabei in der Gegenwartsform zu schreiben, als würden Sie gerade live aus einem Traum berichten. Dabei ist es besonders wichtig, dass Sie sich nicht auf reine Beobachtungen beschränken, sondern die Situation bereits in Ihrer Vorstellung mit allen Sinnen wahrnehmen und beschreiben.

Auch hier ein Beispiel dafür, wie sich eine effektive Beschreibung lesen könnte:

Ich befinde mich in einem dichten Wald aus Palmen. Der steinige Boden ist bedeckt von tanzenden Schatten, die von den rhythmischen Bewegungen der Palmzweige im Wind herrühren. Ich bemerke den salzigen Geruch von Meerwasser und höre, wie nicht weit von mir die Wellen über den Strand rollen. Die Sicht auf das Wasser wird mir jedoch von einer dünenartigen Sanderhebung entlang der Baumgrenze versperrt. Ich nähere mich dem Hügel, und der feste Boden weicht dem vertrauten Gefühl in Sand versinkender Füße. Ich erreiche die höchste Stelle und muss mir die Hand vor das Gesicht halten, weil ich von intensiven Sonnenstrahlen geblendet werde. Zwischen meinen Fingern erkenne ich das kristallklare, grünblaue Wasser und entdecke eine Gruppe laut schnatternder Delfine, deren nasse Haut die Sonne wie ein Spiegel reflektiert, wenn sie aus dem Wasser springen.

Ich nähere mich dem Ufer, und der heiße Sand unter mir wird mit jedem Schritt kühler und feuchter. Bis zum Horizont ist nichts als Meer zu sehen, und außer mir und den Delfinen ist anscheinend niemand hier. Die Sonne brennt auf meiner nackten Haut und meine Schritte werden schneller, um endlich in das erfrischende Nass eintauchen zu können. Ich mache ein paar letzte Schritte, bevor das Wasser meine Knie erreicht, und springe in die entgegenkommende Welle. Mein verschwitzter Körper kühlt sofort deutlich ab und bedankt sich dafür mit einer kribbelnden Gänsehaut. Mein Kopf erreicht die Wasseroberfläche, und ich schaue in das Gesicht eines Delfins, der mir einen neugierigen Blick zuwirft. Noch bevor ich meine Hand nach ihm ausstrecken kann,

tauclt er plötzlich ab und streckt mir kurze Zeit später seine Rücken-
flosse in greifbarer Nähe entgegen. Ich akzeptiere die Einladung, und es
beginnt ein Ritt entlang der Küste, der mir mit seiner Geschwindigkeit
und rasanten Richtungswechseln den Atem raubt.

Dieser Text ist nicht etwa frei erfunden, sondern stammt aus meinem eigenen Nächtebuch. Als ein erster Versuch der Trauminkubation lieferte er bereits nach zwei Nächten ein unglaubliches Erlebnis, das ich sogar in einen Klartraum verwandeln konnte. Im wachen Leben würde ich mir diesen Wunsch nie erfüllen, weil ich einfach zu viel gesunden Respekt (sprich große Angst) vor dem Meer habe.

Wenn Sie einen entsprechenden Text verfasst haben, fassen Sie ihn abschließend in einem als feste Intention formulierten Satz zusammen. In meinem Beispiel lautete dieser:

Ich werde davon träumen, mit Delfinen zu schwimmen!

Dieser Satz wird, wie bereits im Zuge der Problemlösung zuvor erklärt, im nächsten Schritt durch ständige Wiederholung dazu beitragen, dass auch die detaillierte, ausgearbeitete Beschreibung sich im Unterbewusstsein festigt. Und wieder kann der gewünschte Effekt noch deutlich verstärkt werden, wenn Sie sich mit weiteren Symbolen für Ihre Intention umgeben. Auf mein Beispiel bezogen würde sich ein Foto oder vielleicht sogar eine selbstgemachte Zeichnung eines Delfins eignen. Den zu Papier gebrachten Satz und weitere geeignete Symbole platzieren Sie nun wieder gut sichtbar an Ihrem Schlafplatz.

Schritt 2 – Vor dem Einschlafen

Sie werden nun die Zeit unmittelbar vor dem Einschlafen dazu nutzen, Ihre Fragestellung oder Intention im Unterbewusstsein zu verankern, um so zu erreichen, dass sie in den darauffolgenden Träumen verarbeitet wird.

Lesen Sie sich vorher noch einmal in Ruhe die Ergebnisse Ihrer kreativen Schreibarbeit durch. Denken Sie dabei vor allem darüber nach, wie wichtig Ihnen die Lösung Ihres Problems ist beziehungsweise wie gut es sich anfühlen wird, endlich die gewünschte Erfahrung zu machen. Es kann deutlich schwieriger werden, mit der Trauminkubation erfolgreich zu sein, wenn Sie ein rein intellektuelles Interesse daran haben, Ihre Träume in eine bestimmte Richtung zu lenken. Sie sollten ein starkes emotionales Verlangen haben, Ihr Ziel zu erreichen.

Es mag vielleicht komisch klingen, aber glauben Sie mir, Ihr Unterbewusstsein lässt sich nicht so leicht austricksen und weiß genau, ob Sie mit ganzem Herzen dabei sind oder nur ein bisschen Spaß haben wollen. Gehen Sie, falls vorhanden, auf die gleiche Art und Weise mit den weiteren Symbolen um, die Sie gesammelt haben, bevor Sie die Augen schließen, um auf den Schlaf zu warten.

Sie müssen sich nun darauf konzentrieren, Ihren gesamten Gedankenfluss Ihrem Mantra-Satz zu widmen. Wiederholen Sie ihn kontinuierlich, während Sie weiterhin über Ihr Problem nachdenken oder sich bildlich den gewünschten Traum vor Augen führen. Sobald Ihre Gedanken abschweifen oder Sie von äußeren Einflüssen abgelenkt werden, sollten Sie sich sofort dabei erwischen und die Aufmerksamkeit wieder auf die Trauminkubation richten.

Tun Sie dies, bis Sie einschlafen. Das Unterbewusstsein muss regelrecht bombardiert werden, um die größtmögliche Wirkung zu entfalten. Im Idealfall sollte, bezogen auf unsere Beispiele, Ihr letzter wacher Gedanke sein: *«Wie kann ich meinen Chef davon überzeugen, mal etwas Neues auszuprobieren?»* oder *«Ich werde davon träumen, mit Delfinen zu schwimmen!»*

Schritt 3 – Auswertung, Geduld & Wiederholung

Damit ist der praktische Teil der Trauminkubation jedoch noch nicht abgeschlossen. Am darauffolgenden Morgen müssen Sie sich natürlich die Mühe machen, sich konzentriert an die Träume der vergangenen Nacht zu erinnern und sie im Nächtebuch festhalten. Nur so wird auch später noch eine sinnvolle Auswertung bezogen auf Ihre Zielsetzung möglich sein.

Dieser Schritt ist in erster Linie für die kreative Problemlösung nötig, da eine Antwort sich eher selten sofort eindeutig oder gar wörtlich offenbart. Es ist daher ratsam, in diesem Falle einen detaillierteren Eintrag im Nächtebuch zu verfassen, als Sie es vielleicht gewohnt sind, damit möglichst keine Anhaltspunkte dafür verlorengehen, dass Ihre Bemühungen bereits Früchte tragen.

Sie erinnern sich sicher daran, dass ich zu Beginn dieses Kapitels den Hinweis gegeben habe, dass es zwar schon in der ersten Nacht zu einem Erfolgserlebnis kommen kann, Sie jedoch mindestens eine Woche Disziplin und Geduld aufbringen sollten, um die besten Ergebnisse zu erzielen. In diesem Zeitraum müssen Sie auch Träume, die keinen offensichtlichen Bezug zu Ihrem Problem haben, genauer unter die

Lupe nehmen. Oft kann eine potenzielle Lösung sich extrem symbolisch oder mittels einer scheinbar völlig irrelevanten Situation präsentieren, und Sie müssen eine entsprechende Transferleistung erbringen, um den Bezug zu Ihrem Problem zu erkennen.

Während Sie Ihre Träume hinsichtlich solcher Aspekte analysieren, entstehen völlig neue Blickwinkel und Ideen, die wiederum automatisch Einfluss auf die Träume in der darauffolgenden Nacht haben werden. So entsteht eine Art Rückkopplungsschleife zwischen Wachzustand und Traumzustand, die ihren Teil dazu beiträgt, die Lösung des ursprünglichen Problems voranzutreiben. Ich hoffe, das war jetzt nicht allzu abstrakt, aber es ist nicht leicht, einen so individuellen Prozess zu verallgemeinern.

Alles, was Sie sich merken sollten, ist Folgendes: Erwarten Sie nicht, dass Ihnen die Antworten auf dem Silbertablett präsentiert werden. Betrachten Sie jeden Traum, an den Sie sich erinnern, als wertvoll und machen Sie die nötige Detektivarbeit, um mögliche Lösungsansätze oder Teile einer Antwort zu erkennen.

Bezogen auf den Chef, der stur an seinen alten Gewohnheiten festhält, könnte ein erstes Anzeichen dafür, dass Ihr Traum damit beschäftigt ist, nach einer Lösung zu suchen, zum Beispiel sein: Sie träumen davon, dass Sie verzweifelt versuchen, Ihren Nachwuchs davon zu überzeugen, seinen Spinat zu essen. Erfolg haben Sie dabei erst mit dem altbewährten «Hier kommt das Flugzeug»-Spiel. Je nach Chef ist diese Symbolisierung vielleicht gar nicht so weit hergeholt. Werten Sie ein solches Ergebnis also durchaus als positiv und zeigen Sie sich weiterhin geduldig. Wiederholen Sie einfach den zweiten Schritt dieser Anleitung Abend für Abend, bis Sie zu dem gewünschten Ergebnis gelangen, und lassen Sie neue Erkenntnisse aus vergangenen Träumen ständig mit einfließen.

Abschließend sei gesagt, dass die Trauminkubation, wie auch das luzide Träumen, mit wachsender Erfahrung immer weniger Mühe erfordert. Wenn Sie sich erst einmal daran gewöhnt haben, dem kreativen Teil Ihrer Träume auf diesem Wege eine Aufgabe zu erteilen, werden Sie früher oder später mit regelrecht profunden Einsichten belohnt werden, die Ihr waches Leben nachhaltig bereichern können.

STUFEN DER KLARHEIT

Klartraum ist eine Art Überbegriff, der unterschiedliche Erfahrungen abdeckt. Um ein besseres Bild davon zu bekommen, wie dieses Erlebnis aussehen kann, möchte ich den luziden Traum in vier Stufen unterteilen. Diese Stufen verdeutlichen in erster Linie, wie das zunehmende Bewusstsein im Traumzustand unsere Wahrnehmung des Traums beeinflusst.

Es sei gesagt, dass diese Unterteilung nicht streng hierarchisch ist, sondern zur Orientierung dient, und jede Kategorie interessante Erfahrungen ermöglicht. Die Definitionen sind auch keinesfalls als statisch zu verstehen. Viele Eigenschaften können sich auch in einer anderen Kategorie bemerkbar machen, und oft wechselt man während eines Traums, teils völlig unbemerkt, zwischen den verschiedenen Bewusstseinszuständen.

Stufe 1

Sie wachen auf und haben eine klare Erinnerung daran, dass luzides Träumen Thema Ihres Traums war. Sie haben sich zum Beispiel mit jemandem darüber unterhalten, einen entsprechenden Fernsehbeitrag verfolgt oder vielleicht dieses Buch gelesen. Diese passive Integration war jedoch nur Teil eines regulären Traums und Ihr Bewusstsein ist dabei nicht aktiv geworden. Erst in der Erinnerung wird Ihnen klar, wovon Sie geträumt haben.

Wenn Sie damit beginnen, sich intensiv mit Klarträumen zu beschäftigen, werden Sie diese Vorstufe in der Regel sehr schnell, vielleicht schon in der ersten Nacht, erleben. Oft wird diese Erfahrung leider als ein Versäumnis interpretiert, frei nach dem Motto «Verdammt, so nah dran!». Dabei zeigt sie eigentlich nur klar und deutlich, wie viel Einfluss unsere Gedanken und Handlungen im Wachzustand auf die Trauminhalte haben. Für den Lernprozess ist es wichtig, diese Wechselwirkung zu verstehen. Daher ist ein solcher «normaler» Traum sehr wertvoll und ein wichtiger Schritt in die richtige Richtung.

Stufe 2

Sie werden sich während des Traums zwar darüber bewusst, dass Sie träumen, schaffen es jedoch anschließend nicht, diesen Zustand aufrechtzuerhalten. Sie wachen entweder ungewollt sofort auf, treffen situationsbedingt aus Angst eine bewusste Entscheidung, dies zu tun, oder das Traumszenario blendet einfach aus und Sie schlafen normal weiter. In diesem Fall haben Sie also während eines Traums Ihr Bewusstsein erlangt, konnten es jedoch nicht nutzen, um aktiv oder beobachtend daran teilzuhaben.

Ein Klartraum dieser Kategorie kann für Anfänger sehr frustrierend sein. Man fühlt sich, als hätte man gerade die Vorschau des besten Filmes aller Zeiten gesehen, nur um danach zu erfahren, dass noch kein Datum für den Kinostart festgelegt wurde. Sie werden mit der Zeit lernen, diese Situationen weitestgehend zu vermeiden. Das Problem ergibt sich nämlich meist durch die euphorische Reaktion auf den ungewohnten Bewusstseinszustand, die man mit ein wenig Übung schnell in den Griff bekommen kann. Sehen Sie also auch dieses Szenario als einen wichtigen Schritt vorwärts. Sie haben schließlich erfolgreich Ihr Bewusstsein in den Traum integriert, wenn auch zunächst nur für einen Augenblick.

Stufe 3

Sie erkennen, dass Sie träumen und integrieren Ihr Bewusstsein erfolgreich in den Traum. Die Handlung nimmt ihren Lauf, und Sie nehmen eine weitestgehend passive Rolle als Beobachter ein. Es ist Ihnen nicht direkt bewusst, dass Sie den Traum beeinflussen können, und Sie handeln weiterhin weitestgehend reaktiv, anstatt bewusst Entscheidungen zu treffen oder direkte Kontrolle über Ihren Traumkörper zu übernehmen. Die Erfahrung ist meist von intensiven Gefühlen und bewusst gefassten, auf die ablaufende Handlung bezogenen Gedanken geprägt.

Auch wenn Sie auf dieser Stufe noch keinen völlig freien

Willen entwickeln, ist die Erfahrung trotzdem schon mehr als atemberaubend. Ich bevorzuge diese Art des Klartraums oft sogar gegenüber der völligen Kontrolle. Die Welten und Geschichten, die man in diesem Zustand erlebt, sind meist wesentlich komplexer und bedeutungsvoller, als man es sich im wahrsten Sinne je selbst erträumen könnte. Das gilt insbesondere für Anfänger.

Es bietet sich zudem die einzigartige Möglichkeit, etwas über sich selbst zu erfahren, da man den Traum, der sich ohne eigenes Zutun entfaltet, direkt interpretieren kann, während man ihn erlebt. Zudem ist die Erinnerung daran später weitestgehend lückenlos und für eine lange Zeit klar und deutlich abrufbar.

Stufe 4

Sie stellen fest, dass Sie einen Traum erleben, und festigen diese Erkenntnis sofort mit einem Reality-Check. Es besteht ein deutliches Körpergefühl und Ihre motorischen Fähigkeiten gleichen weitestgehend denen im Wachzustand. All Ihre Sinne sind in der Lage, die entsprechenden Reize zu liefern. Die Sinneswahrnehmung erleben Sie dabei entweder als ganz natürliche Reaktion Ihres Körpers oder spätestens, sobald Sie sich bewusst auf eine bestimmte Wahrnehmung konzentrieren. Sie bewegen sich völlig frei in Ihrer Umgebung und haben die Möglichkeit, diese mittels Ihrer Wünsche und Erwartungshaltung direkt zu beeinflussen. Sie wissen dabei stets, dass Sie im Bett liegen und gerade einen Traum erleben. Die Erinnerung an Ihr waches Leben sowie das dort gesammelte Wissen steht Ihnen weitestgehend zur Verfügung, was dazu führt, dass Sie intelligente Entscheidungen treffen und entsprechend handeln können.

Diese Kategorie bietet die vielseitigsten Möglichkeiten und den maximalen Grad an Kontrolle über den Traum. Man übernimmt gleichzeitig jedoch auch eine größere Verantwortung darüber, den Traum voranzutreiben, und es kann ein wenig dauern, bis man sich mit der Rolle des Regisseurs vertraut gemacht hat. Die unglaublich intensiven Sinneswahrnehmungen, die in diesem Zustand möglich werden, verwandeln selbst die trivialsten Aktivitäten in kleine Abenteuer und es erfordert eine gewisse Konzentration, um sich nicht von seinen Plänen abbringen zu lassen. Mit wachsender Erfahrung kann man den Klartraum immer länger aufrechterhalten und bald auch komplexere Ziele wie das Trainieren von motorischen Fähigkeiten erreichen.

Die Erinnerung an einen solchen Klartraum gleicht in der Regel dem Erinnerungsvermögen des wachen Lebens, und selbst wenn man nach dem Aufwachen sofort von etwas abgelenkt wird, leidet sie in den seltensten Fällen darunter.

STABILE KLARTRÄUME

Die meisten Klarträumer erinnern sich noch ganz genau an das «erste Mal». Viele von uns teilen dabei die Enttäuschung, dass es viel zu schnell vorbei war. Ob das nun an der großen Aufregung lag, den überwältigenden Gefühlen oder einfach einem Mangel an Erfahrung? Das ist uns eigentlich völlig egal, denn es war trotzdem eine einzigartige Erfahrung, die man nie vergessen wird.

Die wenigsten schaffen es nämlich, die anfängliche Verwunderung so diszipliniert zu zügeln, dass der erste Klartraum länger als ein paar Sekunden andauert. Aber selbst dieser flüchtige Moment der Klarheit reicht in der Regel aus, um völlig davon überzeugt zu sein, dass der ganze Aufwand sich bereits gelohnt hat.

Der erste Klartraum ist aber nicht nur ein symbolischer Meilenstein für den eigenen Lernprozess. Sobald man nämlich einmal die Erfahrung gemacht hat, wird es in Zukunft wesentlich leichter fallen, sich erneut in diesen Bewusstseinszustand zu versetzen.

Das liegt meiner Meinung nach vor allem daran, dass es ab diesem Zeitpunkt keine Ungewissheit mehr gibt, ob es überhaupt möglich ist, Träume auf diese Art und Weise zu erleben. Ich werde Sie nun bei Ihren ersten Schritten in der Traumwelt an die Hand nehmen und versuchen zu verdeutlichen, wie Sie aus Ihren Klarträumen ein möglichst stabiles, langanhaltendes Erlebnis machen können. Mit wachsender Erfahrung und Techniken wie der *Traumverkettung* wird es möglich, prinzipiell ganze REM-Phasen in bewusst erlebte Traumzeit zu verwandeln.

Der Balance-Akt

Die ersten Gehversuche in der Traumwelt sind oft von einer ganz besonderen Atmosphäre begleitet. Zu Beginn fällt es schwer, überhaupt einen klaren Gedanken zu fassen. Die

Umgebung und die Art und Weise, wie man sie wahrnimmt, kommt einem fremd und gleichzeitig ganz natürlich vor. Man fühlt sich zunächst, als hätte man sich bei einem Einbruch in das eigene Haus erwischt. Es erscheint einfach unmöglich, dass man eine solche Erfahrung nicht nur bewusst machen kann, sondern sie zeitgleich auch automatisch selbst erschafft: die perfekte virtuelle Realität, Hardware Gehirn, Software Traum, Endbenutzer Ich. Aber wie ist so etwas überhaupt möglich?

Diese Frage stellte sich auch die Psychologin Dr. Ursula Voss von der Universität Bonn. Erste Experimente im Schlaflabor zeigten, dass bei einem Klartraum ein bestimmter Teil des Gehirns aktiv wird, der im Wachzustand für die kritische Bewertung von Situationen und Geschehnissen zuständig ist. Dieser Teil «schläft» jedoch in der Regel während wir träumen, was dazu führt, dass wir die oft sehr surrealen Erlebnisse im Traum nicht hinterfragen, sondern als Realität akzeptieren. Einen Klartraum erlebt man, wenn dieser Teil des Gehirns, Frontallappen genannt, innerhalb einer Traumphase «aufwacht», ohne dass dabei der Schlafprozess unterbrochen wird.

Es ist also möglich, die Traumwelt bewusst wahrzunehmen, während man sie zeitgleich unbewusst selbst erschafft, weil sich zwei sonst völlig unabhängige Bewusstseinszustände unser Gehirn gewissermaßen «teilen» können.

Diese Erkenntnis hilft dabei, eines der wichtigsten Konzepte für langanhaltende, stabile Klarträume zu verstehen. Ich nenne es respektvoll den «Balance-Akt». Wir wissen nun dank Frau Dr. Voss, dass mindestens zwei Komponenten nötig sind, um einen Traum bewusst zu erleben. Die Prozesse im Gehirn, die für den Traumzustand verantwortlich sind, müssen ungehindert ablaufen können, während unser Frontallappen gleichzeitig aktiv sein muss, um uns die kritische Bewertung des Traumgeschehens und somit die bewusste Teilnahme daran zu ermöglichen. Dabei darf keine dieser Komponenten während des Klartraums die alleinige Kontrolle übernehmen. Überwiegt das kritische Bewusstsein zu stark, wacht man in der Regel auf. Dominieren die Traumprozesse, verliert man oft wieder das Bewusstsein und träumt normal, sprich passiv, weiter. Es gilt also, beide Szenarien möglichst lange zu vermeiden. Direkten Einfluss haben wir dabei natürlich nur auf unser Bewusstsein und unsere Handlungen in der Traumwelt. Der Balance-Akt besteht also darin, diesen Teil des Ganzen so geschickt zu regulieren, dass ein dauerhaftes, stabiles Gleichgewicht zum parallel verlaufenden Traumprozess entsteht.

Das klingt in der Theorie sehr abstrakt, aber ich denke, das Prinzip ist deutlich geworden. Ich werde Ihnen nun genauer erklären, wie Sie die Kontrolle über den Traumzustand ausüben sollten, um ein frühzeitiges Erwachen effektiv zu vermeiden.

Bewusstseins-Management

Die häufigste Ursache für ein frühzeitiges Erwachen aus dem Klartraum ist eine gefühlsgeladene, euphorische Reaktion auf die ungewohnte Situation. Gerade für Anfänger kann die Erkenntnis, gerade eine vom Körper getrennte, jedoch völlig real wirkende Erfahrung zu machen, überwältigend sein. Wer sich jedoch aus diesem Grunde zu sehr in Erstaunen vertieft, ohne sich dabei permanent klarzumachen, warum gerade eigentlich gestaunt wird, verliert entweder schnell die Kon-

trolle über die eigenen Gedanken und damit auch zwangsläufig das Bewusstsein, oder findet sich hellwach im Bett wieder,
weil die erste Welle aus Euphorie und Verwunderung den
Körper bereits aus dem Schlaf gerissen hat. Das bedeutet natürlich nicht, dass Sie sich in Zukunft völlig gefühlskalt durch
den Traum bewegen müssen. Ich kann Ihnen versichern, dass
mich auch nach vielen Jahren Erfahrung noch ein permanen-
tes, respektvolles Staunen in meinen Klarträumen begleitet.
Man lernt jedoch, dieses Gefühl passiv in sein Bewusstsein
zu integrieren und sich nicht mehr davon ablenken zu lassen. Um dies zu erreichen, muss man es sich zunächst angewöhnen, während des Traums einen ununterbrochenen Bewusstseinsstrom aufrechtzuerhalten.

Im wachen Leben begleitet uns ein konstanter Fluss der
Gedanken durch den gesamten Tag. Es erscheint unmöglich,
an nichts zu denken. Bestimmte Formen der Meditation können zwar dabei helfen, diesen Bewusstseinsstrom vorübergehend auszublenden, das erfordert jedoch eine Menge Übung
und Disziplin. In einem Klartraum hingegen kann bereits die
kleinste Ablenkung dazu führen, dass man vorübergehend
keine bewussten Gedanken mehr fasst und die Aufmerksamkeit plötzlich wieder ganz an das Traumgeschehen gefesselt
ist. Kein Wunder, das ist ja schließlich der natürliche Zustand
in unseren unbewussten Träumen; leider reicht ein kurzer
Moment der Unaufmerksamkeit oft schon aus, wieder in
einen solchen abzudriften.

Sie müssen also ständig darum bemüht sein, Ihren inneren
Monolog aufrechtzuerhalten und idealerweise mit möglichst
vielen Informationen über die aktuelle Situation und Ihre
Umgebung zu füttern. Schauen Sie sich im Traum um, halten
Sie den Geist in Bewegung. Ausgedehnte Selbstgespräche sind

105

in diesem Zusammenhang ebenfalls sehr zweckdienlich, da Sie schließlich der einzige real existierende Gesprächspartner sind, den Sie in dieser Welt des Traums haben.

Bewusster Umgang mit Sinnesreizen

Ein weiterer Faktor, der für die Dauer und Qualität von Klarträumen große Bedeutung hat, ist der Umgang mit Sinneswahrnehmungen. Es ist wichtig, für eine konstante Beschäftigung der Sinne zu sorgen, um mit Traumkörper und Bewusstsein eine solide Verbindung zur Traumwelt aufrechtzuerhalten. Doch eine Reizüberflutung kann auch schnell dazu führen, dass man ungewollt frühzeitig aufwacht.

Sie müssen ein Gefühl dafür entwickeln, wo Ihre persönlichen Grenzen liegen, und sich dabei erwischen, wenn Sie diese überschreiten. Der bewusste Einfluss, den Sie auf diese Aspekte haben, gehört ebenfalls zum «Balance-Akt» und erfordert einige Übung.

Anfänger haben häufig Berührungsängste mit der Traumwelt. Ich selbst habe mich oft nur zögerlich wie ein Geist in ihr bewegt, und meine Erfahrung beschränkte sich mehr oder weniger auf optische Eindrücke, Gefühle und wenige gelenkte Bewegungen. Es entwickelte sich so schnell eine unnötige Distanz zwischen mir und meiner Umgebung, die nicht selten dazu führte, dass ich die Kontrolle über meinen Traumkörper, oder besser gesagt das Gefühl für diesen, verlor. Ich schwebte dann bald nur noch als gelenktes «Bewusstsein mit Augen» im Raum, wie ein Gespenst, das zwar durch die Gegend spuken kann, jedoch nicht in der Lage ist, mit der Umgebung zu interagieren. Ich war also auf eine aufmerksame

Beobachtung meiner Umgebung beschränkt, die meist nicht ausreichte, um mein Bewusstsein lange in der Traumwelt zu verankern.

Ertasten Sie den Traum

Das lässt sich jedoch vermeiden, indem man die Rolle als reiner Beobachter verlässt und stattdessen alle Sinne dazu nutzt, den Traum zu spüren. Am nützlichsten ist dabei Ihr Tastsinn. Die Berührung der Umgebung vermittelt die nahezu perfekte Illusion, sich an einem materiellen Ort zu befinden, und macht den Traum im wahrsten Sinne des Wortes für Sie erst richtig greifbar. So festigt sich das Gefühl, selbst ein konstanter Bestandteil der Traumwelt zu sein.

Sie sind dann nicht länger ein Tourist, der sich vielleicht ein wenig fehl am Platze fühlt, sondern werden heimisch, wenn Sie so wollen. Erneuern Sie diese Erkenntnis immer wieder, indem Sie alles bewusst ertasten, was Sie in die Finger bekommen können. Droht Ihnen die Traumwelt zu entgleiten, können Sie sich buchstäblich an ihr festhalten. Greifen Sie nach allem, was sich zu diesem Zeitpunkt in Reichweite befindet, oder umarmen Sie sich notfalls selbst. Protestieren Sie dabei in Gedanken und bringen Sie den Wunsch zum Ausdruck, noch ein wenig bleiben zu wollen. Das hört sich zwar schwammig an, kann aber erfahrungsgemäß Wunder wirken.

Wenn sich eine geeignete Situation ergibt, können Sie natürlich auch Geschmacks- und Geruchssinn und Ihr Gehör dazu nutzen, das Bewusstsein im Traum weiter zu stärken.

Überzeugen Sie sich möglichst früh davon, dass der Traumzustand das gesamte Spektrum der Wahrnehmung abdeckt, damit Sie diese Option ständig im Hinterkopf haben, wenn sich die Gelegenheit bietet, bewusst Gebrauch davon zu machen. Achten Sie dabei jedoch darauf, nicht den Blick auf das große Ganze zu verlieren. Ein Bissen traumhafter Schokolade oder ein mitreißendes Musikstück können zum Beispiel leicht dazu verleiten, die Augen zu schließen, um sich genussvoll auf die Wahrnehmung zu konzentrieren. Das kann zwar im wachen Leben das Erlebnis intensivieren, wird im Traum jedoch schnell zu einer hinterlistigen Falle, da das Risiko besteht, dass Sie die Verbindung zum Traum verlieren, die Augen öffnen und erwacht sind.

Vermeiden Sie eine Reizüberflutung

Ein kontrollierter, bewusster Umgang mit den Sinnesreizen der Traumwelt und der eignen Wahrnehmung ist also mindestens genauso wichtig wie das entsprechende Bewusstseins-Management bezogen auf Gedanken und eine gelenkte Aufmerksamkeit.

Dazu gehört jedoch auch, sich vor einer Reizüberflutung zu schützen und zu vermeiden, dem Traumzustand zu schnell zu viel abzuverlangen. Sie tragen zwar den leistungsfähigsten Biocomputer, der auf der Erde existiert, mit sich herum, aber auch dieser stößt irgendwann an seine Grenzen. Das macht sich dabei ähnlich bemerkbar, wie Sie es vielleicht von neuen Computerspielen kennen, die Ihre in die Jahre gekommene Hardware überfordern. In geschlossenen Räumen ist genug Rechenpower vorhanden, um die Umgebung klar und flüssig wiederzugeben. Sobald man sich jedoch ins Freie begibt, nimmt die umfangreiche Darstellung weit entfernter Objekte derart viel Leistung in Anspruch, dass das Spielerlebnis schnell ins Stocken gerät. So ähnlich ist es auch im Klartraum.

Traumflüge

Ein gutes Beispiel und eine recht einfache Übung ist das Fliegen durch die Traumwelt, bei dem Sie kein klares Ziel vor Augen haben, sondern einfach nur die Landschaft unter sich erkunden wollen. Wenn Sie den Traum vorbereitend ausreichend stabilisiert haben, kann das eine außergewöhnliche Erfahrung sein, bei der es so einiges zu entdecken gibt. Gerade wenn Sie jedoch bei noch sehr frischem Bewusstsein sofort in die Lüfte schießen, ist eine frustrierende Bruchlandung in den eigenen vier Wänden fast schon vorprogrammiert.

Ob dabei das Gehirn nun wirklich an seine Leistungsgrenze stößt oder das Erlebte einfach nicht bewusst verarbeitet werden kann, ist in der Praxis erst einmal irrelevant.

Ich will damit nur verdeutlichen, dass Sie sich, gerade als Anfänger, langsam vorantasten sollten, bevor Sie waghalsige Flugmanöver ausprobieren, sich in extreme Höhen begeben oder versuchen, die Schallmauer zu durchbrechen. Das gleiche Prinzip gilt natürlich nicht nur für das Fliegen, sondern jede andere Tätigkeit, die das Potenzial dazu hat, intensive Erfahrungen und Reize zu produzieren.

Traumstabilisierende Maßnahmen

Selbst mit dem besten Bewusstseins-Management und einer perfekten Balance der Sinne wird der Klartraum natürlich früher oder später zu einem Ende kommen. Wenn Ihr Bewusstsein zu diesem Zeitpunkt jedoch noch steht, gibt es ein paar Tricks, um den Klartraum entweder erneut zu stabilisieren oder unmittelbar in einem weiteren Traum zu landen.

Das Ende eines Klartraums macht sich meist zunächst dadurch bemerkbar, dass Ihre Sinneswahrnehmungen schwinden und Sie allmählich die Kontrolle über Ihren Traumkörper verlieren. Die optischen Eindrücke erscheinen plötzlich verschwommen oder verzerrt. Ihr Blickfeld wird immer enger, als hätte Ihnen jemand Scheuklappen aufgesetzt, oder alles um Sie herum blendet einfach ins Schwarze, wie man es vom Ende eines Filmes kennt. Diese Phänomene können dabei ganz allmählich auftreten oder plötzlich.

Wenn Sie eines dieser Anzeichen rechtzeitig bemerken, können Sie jedoch entsprechend reagieren und versuchen, den Traumzustand weiterhin stabil zu halten.

Drehen Sie sich im Kreis

Eine bewährte Technik klingt zunächst vielleicht albern, jeder geübte Klarträumer wird Ihnen jedoch versichern, dass sie äußerst nützlich ist. Wer von uns hat sich nicht in seiner Kindheit beim Spielen auf der Stelle im Kreis gedreht, nur um sich den Spaß zu machen, danach schwindelig durch die Gegend zu taumeln? Im Traum bleibt zwar das Schwindelgefühl aus, man kann jedoch kurioserweise auf diesem Wege den Traum stabilisieren. Fragen Sie mich aber bitte nicht, warum das so gut funktioniert. Ich gehe davon aus, dass dabei der Gleichgewichtssinn aktiviert wird und so ein starker Reiz entsteht, der verhindert, dass man das Gefühl für den Traumkörper verliert. Probieren Sie es bei Gelegenheit einfach mal aus. Drehen Sie sich einfach im Traum einen Moment lang auf der Stelle, und tun Sie dies am besten mit ausgestreckten Armen. Das kann verschiedene Effekte haben, die aber allesamt eine bessere Alternative zum sicheren Erwachen darstellen. Im besten Fall ist der Traum danach wieder klar und deutlich zu erkennen, und Sie können Ihre Reise noch eine Zeitlang ungestört fortsetzen.

Es kann jedoch auch passieren, dass Sie sich plötzlich an einem völlig neuen Ort wiederfinden. Das kann zwar zunächst frustrierend sein, wenn man lieber das vorherige Abenteuer fortgesetzt hätte, wichtig ist jedoch, dass man so erst mal weiterhin die Kontrolle behält. Im schlimmsten Fall ist trotzdem der Traum im Anschluss endgültig verschwunden und man wacht auf. Das bedeutet jedoch immer noch nicht, dass man sich endgültig seinem Schicksal unterwerfen muss. Dazu aber später mehr.

Es kann Ihnen bei dieser Technik auch des Öfteren passieren, dass Sie ein sehr realistisches falsches Erwachen erleben. Lassen Sie Ihrem Drehwurm also immer gleich einen Reality-Check folgen, um auszuschließen, dass dies der Fall ist.

Fallen Sie hin

Sie haben vielleicht schon mal einen Traum erlebt, in dem Sie in die Tiefe gestürzt oder gesprungen sind. Diese Situationen sind dann oft von einem unheimlichen Druck im Magen begleitet, als würde wirklich eine große Beschleunigung auf den Körper einwirken. Sie führen oft dazu, dass man aufschreckt und sofort hellwach ist.

Wenn Sie jedoch in einem Klartraum darauf vorbereitet sind, kann ein bewusst herbeigeführter Fall Sie ebenfalls im letzten Moment wieder sanft in einem stabilen Traum landen lassen. Dabei funktioniert es erfahrungsgemäß am besten, sich einfach auf der Stelle rückwärts fallen zu lassen, wie bei einem «Vertrauensfall» aus der Erlebnispädagogik, bei dem man sich von anderen Menschen auffangen lässt. Kurz bevor und während Sie fallen, sollten Sie ein neues Traumszenario visualisieren, in dem Sie landen wollen. Auch bei dieser Technik ist ein falsches Erwachen sehr wahrscheinlich, und ein sofortiger Reality-Check ist wieder absolute Pflicht.

Reiben Sie sich die Hände

Weitere Möglichkeiten, dem Traum neue Klarheit einzuhauchen oder sich davor zu bewahren, frühzeitig zu erwachen, liegen buchstäblich auf der Hand. Wir haben ja bereits besprochen, wie wichtig es ist, Sinnesreize bewusst herbeizuführen. Dabei sind Sie jedoch, wie auch beim Sich-im-Kreis-Drehen, nicht zwangsläufig auf die Traumumgebung angewiesen. Es kann bereits sehr effektiv sein, einfach die Hände aneinanderzureiben, als wolle man sie wärmen. Das fühlt sich im Traum genauso an wie im wachen Leben, häufig spürt man sogar die entstehende Wärme.

Wenn die Umgebung um Sie herum verschwimmt, kann es auch hilfreich sein, die Hände unmittelbar vor das Gesicht zu halten und eine Zeitlang den Blick ausschließlich darauf zu konzentrieren. Schaut man sich danach wieder um, erstrahlt die Umgebung oft wieder in einer ganz neuen Brillanz und Klarheit. Auch bei dieser Technik kann sie sich jedoch anschließend, im Detail oder gänzlich, verändert haben.

Wenn Sie mit diesen Tricks genug Erfahrung gesammelt haben, werden bald sehr ausgedehnte Klarträume möglich. Dabei kommt es natürlich häufig vor, dass Sie in verhältnismäßig kurzen Abständen eine Stabilisierung vornehmen müssen. Die Effektivität der einzelnen Techniken kann, bei mehrfacher Wiederholung, jedoch schnell verschwindend gering werden. Ich habe dieses Problem lange Zeit selbst nicht erkannt und so leider eine Menge Potenzial verschenkt. Sorgen Sie daher am besten gleich von Beginn an für Abwechs-

lung und verlassen Sie sich nicht zu lange auf Ihren persönlichen Favoriten.

Traumverkettung

Selbst wenn alle Bemühungen fehlschlagen, den Klartraum
zu stabilisieren, und das endgültige Erwachen droht, ist das
noch kein Grund, aufzugeben. Wie bereits erwähnt, gibt es
auch zu diesem Zeitpunkt noch die Möglichkeit, schnell wieder zurück in die Traumwelt zu gelangen. Es ist möglich, zahlreiche Klarträume miteinander zu verketten. Die entsprechende Technik wird daher üblicherweise als *Traumverkettung*
bezeichnet.

Sie macht sich den großen Vorteil zunutze, dass durch den
Klartraum das Bewusstsein in der Regel schon aktiviert ist,
wenn Sie erwachen. So fällt es leicht, sich nach dem Erwachen nicht zu bewegen und die Augen geschlossen zu halten.
Das ermöglicht es, oft kurze Zeit später wieder in die Schlafparalyse zu gelangen oder sie durchgehend aufrechtzuerhalten und so einen weiteren Klartraum zu erreichen.

Sie befinden sich dann im Prinzip in der Übergangsphase,
die ich bereits im Kapitel über die WILD-Technik beschrieben
habe und müssen oft nichts weiter tun, als einen Moment
abzuwarten, bis sich der neue Traum vor Ihnen aufbaut. Das
ist jedoch nicht immer der Fall, und Sie müssen eventuell ein
wenig nachhelfen.

Es gibt zwei Möglichkeiten, mit denen Sie experimentieren können. Wenn Sie sich nicht absolut sicher sind, dass die
Schlafparalyse bereits wieder Ihren gesamten Körper erfasst
hat, sollten Sie lieber zunächst den Weg über eine Visualisie-

rung wählen. Dazu bietet es sich an, sich wieder in die Situation zu versetzen, aus der man vor kurzem erst erwacht ist. Rufen Sie sich bildlich den letzten Eindruck ins Gedächtnis, den Sie von der Traumwelt hatten, bevor sie Ihnen entglitten ist. Stellen Sie sich vor, wie Sie an diesem Ort mit der Handlung fortfahren, die das Erwachen unterbrach. Die Chance ist dann sehr groß, dass Sie kurze Zeit später bereits genau dort wieder anknüpfen können.

Soweit die Schlafparalyse es ermöglicht und Sie bereits über eine ausreichende Körperkontrolle verfügen, allerdings weiterhin nur von Dunkelheit umgeben sind, können Sie alternativ auch die zuvor besprochene «Dreh-Technik» verwenden und sich so wieder in die Traumwelt kreiseln. Das kann sogar schneller zum Erfolg führen als der Weg über die Visualisierung. Allerdings ist in diesem Fall die Chance geringer, wieder in dem zuvor erlebten Traum zu landen. Wenn Sie eine dieser Techniken meistern, kann es Ihnen bald mehr oder weniger egal sein, wenn Sie frühzeitig aus einem Klartraum erwachen.

Ich selbst habe es so schon oft geschafft, zahlreiche Träume, bis in den zweistelligen Bereich, aneinanderzureihen und ärgere mich heute darüber, dieser Möglichkeit nicht schon viel früher Beachtung geschenkt zu haben. Der einzige Nachteil ist, dass Sie sich unter Umständen nicht mehr allzu detailliert an die ersten Klarträume in dieser Kette erinnern können, wenn Sie sich endgültig dazu entscheiden, aufzuwachen. Das liegt aber meistens daran, dass die späteren Träume so faszinierend waren, dass sie die volle Aufmerksamkeit beanspruchen und daher auch die Erinnerung später dominieren.

Erwartungsbasierte Traumkontrolle

Klarträume sind eine Art geistiges Werkzeug mit nahezu unbegrenztem Funktionsumfang. Bisher habe ich versucht, Ihnen den recht komplexen Bauplan für dieses Werkzeug zur Verfügung zu stellen, samt Tipps zur Pflege und Wartung. Was jetzt allerdings noch fehlt, ist die entsprechende Gebrauchsanleitung.

Die bewusste Kontrolle über den Traumkörper allein ist zwar bereits die Voraussetzung für eine unglaubliche Erlebnisvielfalt, früher oder später möchten Sie aber sicher auch gerne ein wenig «Gott spielen» und Ihren direkten Einfluss auf die Traumwelt dazu nutzen, sie aktiv zu gestalten oder gewisse «Superkräfte» zu entwickeln.

Als Anfänger ist es ratsam, mit dem zu arbeiten, was man hat, da sich so das Risiko deutlich verringert, die Konzentration auf das Wesentliche zu verlieren und frühzeitig zu erwachen. Mit wachsender Erfahrung können Sie jedoch damit beginnen, das Bühnenbild der Traumwelt nach den eigenen Wünschen zu formen oder die Grenzen des Menschenmöglichen zu überschreiten. Der Schlüssel dafür liegt einzig und allein in Ihrer Erwartungshaltung, das heißt Ihrer absoluten Gewissheit, dass Ihr Willen den gewünschten Effekt haben wird. Jeglicher Zweifel daran wird Sie scheitern lassen. Lassen Sie mich das an einem Beispiel verdeutlichen.

Fliegen ist eine der beliebtesten und meistgenutzten Fähigkeiten, die der Traumzustand ermöglicht. Sobald es zum ersten Mal gelungen ist, wird diese Art der Fortbewegung im Traum so natürlich und mühelos wie etwa das Fahrradfahren in der wachen Welt.

Das Einzige, was Sie daran hindern kann, abzuheben, sind

bewusste oder unterbewusste Zweifel, die Ihnen weismachen wollen, dass Sie auf festen Boden gehören. Diese Zweifel sind im Bewusstsein schnell beseitigt, da Ihnen jeder geübte Klarträumer bestätigen wird, dass es nicht nur möglich, sondern sogar kinderleicht ist. Sollten Sie trotz dieser Gewissheit nicht sofort erfolgreich sein, ist das ein Zeichen dafür, dass Ihr Unterbewusstsein sich vielleicht noch dagegen wehrt, diesen fremdartigen Gedanken zu akzeptieren.

Es gibt jedoch eine Möglichkeit, auch diese Blockade zu umgehen. Wieder müssen Sie den «Balance-Akt» schaffen, dem Traum Freiräume zu geben und dennoch Ihren Willen durchzusetzen. Erfinden Sie einfach einen mehr oder weniger überzeugenden Grund dafür, warum es Ihnen plötzlich möglich ist, zu fliegen: Sie sind Superman und müssen mal wieder die Welt retten. Sie strecken die Faust in der ikonischen Pose Richtung Himmel und los geht's. Vielleicht haben Sie sich aber auch ein Jet-Pack zugelegt und wollen gerade den ersten Testflug machen, oder sind einfach so durchtrainiert, dass Sie allein mit Ihrer Körperkraft und flatternden Armen die Schwerkraft überwinden können. Das klingt natürlich albern, Ihr Unterbewusstsein ist im Traum jedoch sehr empfänglich für solche Suggestionen. Betrachten Sie das Ganze einfach als eine Art geistige Stützräder, die Ihnen dabei helfen, Ihr Unterbewusstsein zu überzeugen.

Diesem Prinzip folgend, lässt sich so ziemlich alles erreichen, was vorstellbar ist. Machen Sie sich dabei immer zuerst klar, dass Sie allein die Kontrolle darüber haben, was in Ihrem Traum möglich ist und daher sicher sein können, dass Ihr Vorhaben von Erfolg gekrönt sein wird. Ohne weiter darüber nachzudenken, tun Sie es dann einfach.

Sollten dennoch Probleme entstehen, erfinden Sie geeignete Rahmenbedingungen oder eine kleine Hintergrundgeschichte, um sich auch unterbewusst restlos zu überzeugen. Sollte auch das nach einigen Versuchen nicht zum Erfolg führen, kann es hilfreich sein, zunächst mit Hilfe der Trauminkubation einen «Trübtraum» ohne bewusste Kontrolle herbeizuführen, der das gewünschte Ergebnis erst einmal passiv durchspielt, ohne dabei von Ihrem Bewusstsein beeinflusst zu werden. Die Erinnerung daran liefert dann den Beweis, dass Sie nichts Unmögliches verlangen und daher ab sofort auch im Klartraum eine entsprechende Umsetzung kein Problem mehr sein wird.

Die positive Erwartungshaltung ist auch bei Eingriffen in die Traumwelt entscheidend. Wenn Sie die Umgebung verändern oder Gegenstände und Personen in den Traum integrieren wollen, entscheidet wieder allein die feste Überzeugung darüber, ob es gelingen wird. Anfangs wird es Ihnen wahrscheinlich deutlich leichter fallen, mit bereits bekannten Orten, Objekten oder real existierenden Menschen zu experimentieren. Mit ausreichend Erfahrung können Sie aber später auch problemlos Ihrer Phantasie freien Lauf lassen. Es gibt auch bei dieser Form von Traumkontrolle einige Tricks, um eventuelle Blockaden von Anfang an zu umgehen.

Traumpersonen erschaffen

Beginnen wir mit der Erschaffung von Personen. Es ist durchaus möglich, einen Menschen oder Gegenstand direkt vor seinen Augen erscheinen zu lassen, was aber schwieriger, weil unnatürlich, ist.

Wieder müssen Sie dem Traum etwas Spielraum geben, um Ihr Ziel zu erreichen. Stellen Sie sich vor, Sie erleben bei vollem Bewusstsein ein falsches Erwachen und befinden sich

117

allein in Ihrem Schlafzimmer. Sie fühlen sich einsam und würden gerne Ihre bessere Hälfte Teil des Traums werden lassen. Dazu reicht es oft schon aus, einfach etwa «Schatz, kannst du mal kurz kommen?» in den Raum zu rufen. Dieser Satz beinhaltet, aufgrund der aus dem wachen Leben gewohnten Reaktion, bereits die feste Erwartung daran, dass Sie kurze Zeit später nicht mehr allein sein werden.

Sollte das nicht funktionieren, spielen Sie einfach mit und wechseln Sie den Raum mit dem Gedanken «Ich glaub sie/er hat mich nicht gehört!». Gehen Sie dabei fest davon aus, dass sich die Person beispielsweise im Wohnzimmer aufhält und in ein Buch vertieft ist. Ich denke, das Prinzip ist klar. Sie dürfen sich nicht wünschen, dass die Person im Haus ist, sondern müssen es einfach wissen.

Traumobjekte erschaffen

Das Gleiche gilt für Objekte jeder Art. Anstelle sich selbst und Ihr Unterbewusstsein davon zu überzeugen, dass Sie über magische Kräfte verfügen und Dinge einfach so herbeizaubern können, gehen Sie einfach davon aus, dass der gewünschte Gegenstand bereits Bestandteil der Traumwelt ist, sich nur noch nicht in Ihrem Blickfeld befindet – und zwar dort, wo Sie ihn auch im wachen Leben erwarten würden: in Schränken und Schubladen, in einem anderen Raum oder einer Garage, draußen auf dem Rasen oder vielleicht als Geschenk verpackt. Sie können auch in diesem Fall einfach jemanden damit beauftragen, das gewünschte Objekt zu bringen («X, bring mir mal bitte Y!»). Wenn Sie möglichst «realitätsnah» handeln, ist die Chance auf Erfolg also deutlich größer.

Eine Welt erschaffen

Ein wenig problematischer wird das Ganze, wenn Sie gleich Ihre gesamte Umgebung auf einen Schlag verändern wollen. Ich selbst hatte zu Beginn große Probleme damit, so drastisch in die Traumwelt einzugreifen, und gab irgendwann frustriert auf. Gerade bei Verwendung der WILD-Technik bin ich jedoch oft in meinem eigenen Haus gelandet, was wiederum auf Dauer ziemlich langweilig werden kann. Ich beschäftigte mich daher mit dem in diesem Zusammenhang wohl beliebtesten Kniff, dem «Portal», und verstand schließlich, worauf es dabei wirklich ankommt.

Das Prinzip beruht darauf, eine geschlossene Tür oder einen Spiegel als Portal zu nutzen. Mein Fehler bestand damals darin, dass ich immer nur in den eigenen vier Wänden das Bedürfnis hatte, meine Umgebung zu verändern und daher immer meine Haustür in ein solches Portal umfunktionieren wollte. Mit dem enttäuschenden und dennoch absehbaren Ergebnis, dass sich dahinter immer nur eine detaillierte Repräsentation meines Vorgartens befand.

Ich denke, der Dialog zwischen mir und meinem Unterbewusstsein hätte damals in etwa so geklungen – Ich: «Majestätischer Bergsee in den Alpen! Majestätischer Bergsee in den Alpen! Hinter dieser Tür erwartet mich ein Bergsee in den Alpen!» Unterbewusstsein: «Hast du die Pfanne heiß? Da geht's in den Vorgarten, du alter Traumtänzer!»

Das sollte sich jedoch alles schlagartig ändern, als ich damit begann, meinen mannsgroßen Spiegel im Schlafzimmer zu benutzen, hinter dem sich auch für mein Unterbewusstsein nur ein großes Fragezeichen befand. Aus Erfahrung wusste ich, dass es kein Problem war, durch Wände oder andere feste Oberflächen zu laufen. Ich konzentrierte mich also auf die

119

feste Erwartung, dort endlich den Ort zu finden, den ich zuvor gründlich in Gedanken, vor dem Einschlafen und kurz erneut im Traum, visualisiert hatte. Und was soll ich sagen, dieses Mal wurde ich nicht enttäuscht. Auf der anderen Seite erwartete mich eine unglaublich detailverliebte Interpretation meiner Vorstellung, deren Anblick mich so überwältigte, dass ich leider nicht viel davon hatte, da ich kurze Zeit später aufwachte.

Mittlerweile habe ich in der Traumversion meiner Wohnung durch regelmäßig wiederholte Erwartung, im Flur eine weitere Tür vorzufinden, ein permanent bestehendes Portal geschaffen, das zuverlässig seinen Zweck erfüllt und mir zusätzlich als Reality-Check dient, da die Tür natürlich nur in meinem Traum existiert. Dort gehört sie allerdings mittlerweile auch ohne eigene Anstrengung fest zum Grundriss meiner Wohnung.

Ich denke, damit sollte deutlich geworden sein, dass man zwar bewusst seine Zweifel schnell ablegen kann, es jedoch eventuell ein wenig Kreativität erfordert, sich auch bis in die letzten Winkel seiner Psyche davon zu überzeugen, dass man den Traumzustand direkt beeinflussen kann und nichts unmöglich ist.

POSITIVE ALBTRÄUME

Ein bewusst erlebter Albtraum hört sich zunächst nach einer Erfahrung an, die man seinem größten Feind nicht wünschen würde. Die nächtliche Konfrontation mit unseren tiefsten Ängsten kann derart bedrohlich wirken, dass sie uns schweißgebadet und mit rasendem Puls in unserem Bett zurücklässt. Die erleichternde Erkenntnis, dass alles nur ein Traum war, kommt meist leider zu spät. Die Nachtruhe nimmt so oft ein unfreiwilliges Ende, da die Angst zu groß ist, erneut in eine hilflose Situation zu geraten, auf die zumindest unser Körper reagiert, als wäre sie völlig real.

Der einzige Grund dafür, dass Albträume eine derartige Macht über uns haben, ist jedoch schlicht und einfach das fehlende Bewusstsein darüber, dass wir einen Traum erleben. Stattdessen reagieren wir mit einem uralten Reflex, der sich in unserer Evolution bewährt hat: Fight-or-Flight, Kampf oder Flucht. Dabei macht es keinen Unterschied, ob das hungrige Raubtier, das uns unermüdlich verfolgt, die Gestalt eines Säbelzahntigers oder die unseres Vorgesetzten annimmt. Beides kann dafür sorgen, dass wir entweder in Panik um unser Leben rennen oder in eine Konfrontation geraten, die meist kein gutes Ende nimmt. Schaffen wir es jedoch, uns in dieser Situation bewusst darüber zu werden, dass wir es nur mit einem Albtraum zu tun haben, bietet sich die einzigartige Chance, die Kontrolle zu übernehmen und unsere Ängste direkt zu konfrontieren: mit der Gewissheit, jederzeit aufwachen zu können, im eigenen Bett, mit ruhigem Puls, auf einem trockenen Kopfkissen.

Wenn Sie den Teil nicht übersprungen haben, wissen Sie

bereits, dass ich es als kleines Kind geschafft habe, durch einen bewusst gesteuerten Traum meine Angst vor der Dunkelheit zu bewältigen. Zu dieser Zeit habe ich rein intuitiv gehandelt, da ich noch nie zuvor Kontrolle über einen Traum hatte. Ich möchte daher nun an einem weiteren Beispiel, aus einer Zeit, in der ich bereits wusste, welche Möglichkeiten mir die Traumwelt bietet, verdeutlichen, wie man es schaffen kann, aus einem belastenden Albtraum eine positive Erfahrung zu machen.

Mein persönlicher Albtraum

Seit einem sehr unangenehmen Erlebnis in meiner Kindheit litt ich die längste Zeit an einer großen Angst vor Hunden. Sobald ich im wachen Leben mit dieser Angst konfrontiert wurde, schien ein Albtraum in der darauffolgenden Nacht unvermeidbar. Selbst während eines Spaziergangs auf dem Mond hätte meine Phantasie einen Weg gefunden, diese Phobie in den Traum zu integrieren. Früher oder später wäre mir der Geist von Laika, dem 1957 im Namen der Wissenschaft geopferten ersten Hund im Weltall, erschienen, nur um mich persönlich das Fürchten zu lehren.

Ein bestimmtes Szenario wiederholte sich aber ständig: Es begann in einer menschenleeren, engen Gasse in einer fremden Stadt. Während ich mich vorsichtig durch das scheinbar endlose Labyrinth aus Häuserschluchten bewegte, machte sich ein bedrückendes Gefühl in mir breit, das mich in ein langsames Joggen beschleunigen ließ. Ich begann, um Hilfe zu rufen, doch die einzige Antwort auf meine Schreie war ein ohrenbetäubendes Bellen, das mich sofort erstarren ließ. Ich schaute mich um und sah einen Schäferhund mit teerschwarzem, filzigem Fell, der sich langsam aus einer Seitengasse heraus auf mich zubewegte. Das bedrohliche Gefühl verwandelte sich in eine ausgewachsene Panik, und ich begann meine Flucht mit langsamen, kalkulierten Schritten, rückwärts, um meinen Blick nicht abwenden zu müssen. Doch auf jeden Schritt, den ich machte, machte mein Verfolger zwei. Sekunden fühlten sich wie Minuten an, bis sich plötzlich weitere Hunde verschiedener Rassen, jedoch mit dem gleichen verwahrlosten Fell, meinem Verfolger anschlossen. Dieser Anblick brachte mich sofort dazu, mich umzudrehen und einen adrenalingeladenen Spurt anzutreten.

Immer wenn ich mich nach dem Rudel umsah, wurde der Abstand ein wenig kleiner, und weitere Tiere hatten die Jagd aufgenommen. Eine Flucht schien aussichtslos, und Zweifel machten sich in mir breit, wie lange ich mein Tempo noch halten könnte. Mit etwas Glück rettete mich zu diesem Zeitpunkt der Wecker, oder ich wachte mit einem panischen Atemzug auf, als wäre ich fast erstickt. Meist wurde ich jedoch nach kurzer Zeit unter einer bestialisch stinkenden Flutwelle aus Fell begraben. Es wurde dunkel um mich herum, und ich spürte zwar keine Schmerzen, aber die Angst davor war jedes Mal so überwältigend, dass ich kurze Zeit später senkrecht im Bett saß.

Nun braucht es keinen Sigmund Freud, um den Traum zu analysieren. Komischerweise gelang es mir unzählige Male nicht, zu bemerken, dass ich ein Szenario erlebte, das unmöglich Teil meines wachen Lebens sein konnte. Ich vermutete, dass die Angst von Beginn an immer gleich so groß war, dass sie einen klaren Gedanken unmöglich machte. Ich entschied mich, aktiv an einer Konfrontation zu arbeiten. Ich würde versuchen, den Traum über eine bewusste Inkubation herbeizuführen und mich vor dem Einschlafen optimal darauf vorzubereiten, mein Bewusstsein zu erlangen, um mich der Bedrohung zu stellen.

Dafür musste ich jedoch zunächst den Mut aufbringen, eine derart einprägsame Konfrontation im wachen Leben durchzustehen, die einen Albtraum in der darauffolgenden Nacht praktisch garantieren würde. Eine umzäunte Hundeschule in meiner Nachbarschaft schien für meine Zwecke wie gemacht.

Schon von weitem hörte ich eine Kakophonie aus tiefen Hundestimmen, die mich fast dazu bewegt hätte, mein Experiment abzubrechen, bevor es überhaupt begonnen hatte. Der Zaun wirkte wesentlich niedriger, als ich ihn in Erinnerung hatte, und wie die Geräuschkulisse vermuten ließ, war der etwa Fußballfeld große Platz gefüllt mit den verschiedensten Hunderassen, die alle eines gemeinsam hatten: ein Gewicht jenseits der 30-Kilo-Marke. Ich nahm meinen ganzen Mut zusammen und näherte mich auf wackligen Beinen dem Zaun. Immer wenn ein Hund sich für mich zu interessieren schien und sich näherte, erwischte ich mich dabei, unkoordiniert ein paar Schritte rückwärts zu stolpern. Dieses Katz-und-Maus-, in diesem Fall eher ein Hund-und-Angsthase-Spiel, nahm eine gefühlte Ewigkeit seinen Lauf. In meinen Gedanken konzentrierte ich mich währenddessen darauf, diese Fluchtreaktion auch in der Nacht wieder zu erleben, mit dem Unterschied, dass mir die Erkenntnis darüber diesmal dabei helfen würde, mein Bewusstsein zu erlangen.

Einer der Trainer beendete meine Konzentration darauf abrupt mit den netten, aber bestimmten Worten «Können Sie bitte weitergehen? Die Hunde scheinen Sie zu mögen und Sie lenken von unseren Übungen ab!». Das ließ ich mir natürlich kein zweites Mal sagen. Mein verschwitztes T-Shirt machte überdeutlich, dass ich gefunden hatte, wonach ich suchte.

Den Rest des Tages füllte ich absichtlich mit trivialen Beschäftigungen und dachte nicht mehr über mein Experiment nach. Erst als ich am späten Abend in meinem Bett lag, sollte die zweite Phase beginnen. Ich begann in Gedanken das Erlebte zu verarbeiten und versuchte, mich an möglichst viele Details zu erinnern. Ich dachte über die gemischten Gefühle nach, die ich während der Konfrontation spürte, und war fast ein bisschen stolz darauf, dass nicht ich selbst, sondern der Platzverweis des Trainers sie beendete. Mit der festen Überzeugung, dass ich im nächsten Albtraum genauso tapfer reagieren würde und der Gewissheit, dass der nächste Hund, der mir über den Weg liefe, Teil dieses Traums sein würde, schlief ich kurz darauf ein.

Ich war fast ein wenig enttäuscht, als ich am nächsten Morgen mit der Erinnerung an einen völlig irrelevanten Traum aufwachte. Ich sah auf die Uhr und stellte fest, dass es noch sehr früh war. Deshalb entschied ich mich dazu, es noch einmal mit der WILD-Technik zu probieren. Diesmal konzentrierte ich mich in Gedanken auf meine Erinnerung an die zuletzt geträumte Verfolgungsjagd und begann damit, mir das entsprechende Szenario bildlich vorzustellen. Sofort begannen die Bilder vor meinem inneren Auge eine klare Form anzunehmen, und bereits kurze Zeit später befand ich mich, diesmal bei vollem Bewusstsein, in der altbekannten, gefürchteten Umgebung der endlosen Häuserschluchten wieder.

Ich bemerkte jedoch sofort einen großen Unterschied. Das bedrohliche, undefinierbare Gefühl, das sonst die Atmosphäre dieses merkwürdigen Ortes dominierte, war diesmal einer

125

positiven Aufregung gewichen. Mit großer Spannung wartete ich darauf, mich endlich meinen Verfolgern stellen zu können. Das Rudel schien sich aber ausgerechnet dieses Mal in den Gassen verlaufen zu haben und ließ ungewohnt lange auf sich warten. Ich begann damit, staunend die skurrile Architektur der Gebäude zu betrachten, die mir zuvor noch nie aufgefallen war. Das sollte sich jedoch schon bald als großer Fehler herausstellen. Ich war derart fasziniert von meiner Umgebung, dass sich mein Bewusstsein unbemerkt wieder aus dem Geschehen ausklinkte, worauf der Traum wieder seinen gewohnten Lauf nahm. Als hätten sie die Chance gewittert, schossen unzählige Hunde aus allen Ecken.

Als das Rudel mich fast eingeholt hatte, schaffte ich es jedoch rechtzeitig aufs Neue, mein Bewusstsein zu erlangen. Ich sah die Hunde auf mich zukommen und musste eine Entscheidung treffen. Ich erinnerte mich daran, wie die Trainer und Herrchen am Vortag das gehorsame Verhalten der Tiere mit einem kleinen Snack belohnt hatten. Ich griff also mit beiden Händen in meine Hosentaschen, fest davon überzeugt, dass diese gefüllt sein würden. Dies war auch tatsächlich der Fall, und ich kniete mich mit ausgestreckten Händen mutig vor die sonst so gefürchtete Welle aus tollwütigen Monstern. Das Schlimmste, was passieren könnte, war zu diesem Zeitpunkt bereits schon so sehr zur Routine geworden, dass ich keinen Zweifel daran hatte, das Richtige getan zu haben.

Die Tiere begannen wie wild mit den Schwänzen zu wedeln, und das bedrohliche, donnernde Bellen verwandelte sich in ein aufgeregtes Kläffen. Ich begann zu lachen. Auch wenn es in dem Moment noch kein klar formulierter Gedanke war, ich wusste sofort, dass sich etwas tief in mir drin verändert hatte. Kurze Zeit später wachte ich mit einer euphorischen Gänsehaut am ganzen Körper auf und konnte mich nicht beherrschen, das Gelächter aus dem Traum fortzusetzen.

Kampf, Flucht oder Dialog

Ich hoffe, diese kleine Odyssee in meine Traumwelt hat Sie nicht allzu sehr gelangweilt. In dem Fall musste ich ein bisschen weiter ausholen, da der Umgang mit Albträumen immer ein sehr persönlicher Prozess ist. Ich hoffe, Ihnen ein paar Anregungen gegeben zu haben, wie Sie Ihren eigenen Ängsten begegnen können.

Zu diesem Zweck werde ich jetzt noch mal allgemeiner auf die Methoden eingehen, die dazu hilfreich sein können. Sie haben sicher schon gemerkt, dass ich in diesem Zusammenhang immer wieder den Begriff der Konfrontation verwendet habe. Dieses Konzept hat sich auch in der wachen Welt bereits erfolgreich etabliert. Ein Psychologe kann zum Beispiel die Arachnophobie seines Patienten heilen, indem er ihn mit einer Vogelspinne konfrontiert und Schritt für Schritt an einen Punkt leitet, an dem der Betroffene einwilligt, das Tier auf die Hand zu nehmen.

Diese Schocktherapie ist im Traum mindestens ebenso effektiv und kann nicht nur dabei helfen, ständig wiederkehrende Albträume loszuwerden, sondern auch Ängste und Sorgen, die normalerweise nicht Teil Ihrer Träume sind. Der Vorteil eines Klartraums besteht darin, dass man ständig die Kontrolle behält und sich jederzeit sofort aus der Situation entfernen kann, wenn die Bereitschaft, sich seinem Problem zu stellen, noch nicht gegeben ist. Das stärkt das Selbstbewusstsein, was auf den Traum abfärbt und die Herausforderung berechenbarer macht.

Wir sind glücklicherweise an einem Punkt der Evolution angelangt, an dem wir zusätzlich zur uralten Kampf-oder-Flucht-Reaktion gelernt haben, dass man Konflikte auch mit Worten lösen kann. Schauen wir uns also diese drei Möglichkeiten, die Ihnen zur Verfügung stehen, einmal genauer an. Eine Situation, in der der Träumer verfolgt wird, ist wahrscheinlich die am weitesten verbreitete Form des Albtraums. Wenn sich das Bewusstsein in eine solche Verfolgungsjagd einschaltet, kann die Flucht zwar leicht gelingen, an dem zugrunde liegenden Problem ändert das jedoch meist nichts. Wenn man nach einer solchen Erfahrung erleichtert ist, entkommen zu sein, kann das gegenteilig sogar den Irrglauben stärken, dass man wirklich etwas zu befürchten hatte. Flucht sollte also in den meisten Fällen als reine Notlösung betrachten werden.

Gewalt ist (k)eine Lösung!

Was geschieht nun also, wenn man stattdessen tapfer einen Kampf provoziert? Das kommt ganz darauf an, wen oder was man auf diesem Wege konfrontiert. Der Militärstratege und Philosoph Sun Tsu schrieb in «Die Kunst des Krieges»: «Kenne deinen Feind und kenne dich selbst, und in 100 Schlachten wirst du nie in Gefahr geraten.»

Man könnte fast vermuten, der Mensch war ein Klarträumer, denn das beschreibt genau, was man bei einer gewalttätigen Konfrontation im Klartraum beachten sollte. Lassen Sie mich erklären. Gehen wir mal davon aus, dass mir körperliches Leid widerfahren ist, für das eine einzige, real existierende Person direkt verantwortlich ist. Diese Erfahrung war für mich so traumatisch, dass sie mich auch nach langer Zeit noch in meinen Träumen heimsucht.

In diesem Fall kenne ich mich selbst als das hilflose Opfer und habe ein klar definiertes Feindbild. Hier kann eine gewalttätige Konfrontation dabei helfen, die symbolische Kontrolle über mein Schicksal zu übernehmen, um mich fortan nicht mehr mit der Rolle des Opfers identifizieren zu müssen. Das ist nicht als Racheakt an der Person, die das Leid zugefügt hat, zu verstehen, sondern vielmehr als ein Befreiungsschlag aus der Angst, immer wieder mit ihr konfrontiert zu werden. In diesem Fall kann eine kämpferische Auseinandersetzung also durchaus positiv sein.

Ein Gegenbeispiel ist meine Hundephobie. Ich kenne mich selbst als jemanden, der eine völlig irrationale, verallgemeinerte Angst entwickelt hat. Der Feind ist in diesem Fall jedoch nicht das Hunderudel, sondern eben auch die Angst als solche. Ein direkter Angriff auf den Auslöser dieser Angst würde also nur meine negative Einstellung gegenüber einer völlig unschuldigen Tierart weiter zementieren, genau wie meine ständige Fluchtreaktion in den regulären Albträumen zuvor.

Aus diesem Grund habe ich mich bewusst dazu entschieden, eine optimistische Haltung anzunehmen und gleichzeitig das Verhalten der Tiere entsprechend zu verändern, indem ich die vom Hundeplatz bekannte, positive Reaktion auf das Füttern bewusst reproduziert habe. Damit konnte ich mir beweisen, dass es nichts zu fürchten gibt und das Problem einzig und allein bei mir selbst lag. Ich hoffe, damit ist der Unterschied klar geworden. Gewalt ist im Traum wie auch im wachen Leben in den seltensten Fällen eine Lösung und man sollte sich genauestens überlegen, welchem Feind man eigentlich gegenübersteht, bevor man diesen Weg einschlägt.

Man kann über alles reden!

Es bleibt noch die verbale Konfrontation. Auf den ersten Blick mag es in vielen Situationen aussichtslos erscheinen, den Dialog mit einer aggressiven Repräsentation der eigenen Angst zu suchen. Jeder, der schon einmal in einen emotionalen Streit verwickelt war, kennt den Punkt, an dem Worte einfach nichts mehr bewirken. Sobald eine Seite auf stumm schaltet, abseits jeder Logik an der eigenen Position festhält oder gar handgreiflich wird, hilft auch die beste Rhetorik nicht mehr, um den Konflikt zu lösen.

In einem Klartraum gelten aber wie so oft völlig neue Regeln. Man steht dort schließlich nur einem Teil seiner selbst gegenüber und kann so mit Hilfe des integrierten Bewusstseins dafür sorgen, dass der Dialog nicht in einer Sackgasse endet oder gar völlig eskaliert. Ganz im Gegenteil, man kann sogar oft mittels einer solchen Auseinandersetzung einiges über sich selbst und das zugrunde liegende Problem lernen.

Zu diesem Zweck hat es sich als sehr effektiv erwiesen, die unmittelbare Bedrohung zunächst zu entschärfen, indem man seine verkörperte Angst, in welcher Form auch immer sie sich zeigt, zunächst mit einem entschlossenen «Halt!», «Stopp!» oder «Aufhören!» entgegentritt. Denken Sie daran, diese Worte nicht als Bitte oder Aufforderung, sondern als

selbstbewussten Befehl auszusprechen, der unmöglich ignoriert werden kann. Die eigene Erwartungshaltung an die Reaktion darf also keinen Spielraum für freien Willen seitens
der Bedrohung einräumen.

Sobald Sie so in die Situation eingegriffen haben, müssen Sie dem Traum sofort eine Möglichkeit bieten, auf Ihren
Wunsch nach einem Gespräch zu reagieren, die Balance wie-
derherstellen. Das erreichen Sie erfahrungsgemäß, indem Sie
dem anfänglichen Befehl sofort eine direkte Frage wie «Wer
bist du?», «Warum verfolgst du mich?» oder «Wie kann ich dir
helfen?» folgen lassen. Zusätzlich ist es von Vorteil, die Frage
gezielt mit einem positiven Gefühl, basierend auf Akzeptanz
und Verständnis, zu verbinden, anstelle Wut oder Frust zum
Ausdruck zu bringen.

So erreichen Sie, dass der unbewusst gesteuerte Teil Ihres
Traums dazu gezwungen ist, auf die neue Situation zu reagieren. Es ist immer wieder erstaunlich, mit anzusehen, wie
unmittelbar und zuverlässig das auch geschieht. Sie werden
beobachten, wie sich die gesamte Atmosphäre des Traums
schlagartig verändert und jegliches Gefühl von Angst und Bedrohung der Gewissheit weicht, die Kontrolle über den weiteren Ablauf übernommen zu haben.

Mit ein wenig Glück bekommen Sie eine klare Antwort,
die der Anfang eines aufschlussreichen Gesprächs sein kann.
Selbst wenn kein Dialog zustande kommt, haben Sie natürlich immer die Möglichkeit, sich zu entziehen und den Rest
des Traums nach eigenen Wünschen zu gestalten. Solange
Sie zumindest versucht haben, sich bewusst dem Konflikt zu
stellen, haben Sie sich bewiesen, dass Sie in einem Traum
nicht automatisch mit Angst und Flucht reagieren müssen,
sobald Sie in eine unangenehme Situation geraten. Diese Er-

kenntnis kann oft automatisch auch den Verlauf von regulären Albträumen, die Sie nicht direkt beeinflussen, in eine entsprechend positive Richtung lenken.

MOTORISCHE FÄHIGKEITEN TRAINIEREN

Sobald Sie sich ein wenig mit den Regeln der Traumwelt vertraut gemacht haben und Ihre Klarträume über einen längeren Zeitraum stabil halten können, besteht die faszinierende Möglichkeit, den Traum als eine Art Trainingssimulator zu nutzen. Wenn Sie zum Beispiel einen komplexen sportlichen Bewegungsablauf meistern wollen (sei es beim Golf, Yoga oder einer Kampfsportart), kann eine zusätzliche Trainingseinheit im Klartraum erstaunlicherweise auch zu einer Verbesserung Ihrer Leistung im wachen Leben beitragen.

Das ist möglich, da geträumte Bewegungen dieselbe Hirnaktivität anregen, wie sie auch im Wachzustand zu beobachten ist. Im Traum werden diese Signale dank der Schlafparalyse lediglich daran gehindert, mit der Muskulatur zu kommunizieren. Sportliche Aktivität im Traum trainiert daher natürlich nicht Ihren Körper, sehr wohl aber das sogenannte Muskelgedächtnis, das es ermöglicht, komplexe Bewegungen nach häufiger Wiederholung auch ohne die bewusste Konzentration darauf präzise auszuführen.

Der Sportwissenschaftler Dr. Daniel Erlacher konnte den positiven Lerneffekt von Klarträumen in seiner Disserta-

tion «Motorisches Lernen im luziden Traum: Phänomenologische und experimentelle Betrachtungen» nachweisen und
wurde für seine Forschung auf diesem Gebiet mit dem Wis-
senschaftspreis der Deutschen Vereinigung für Sportwissenschaft und des Deutschen Olympischen Sportbundes ausgezeichnet.

Natürlich können nicht nur die Sportlichen unter uns auf
diesem Wege ihre Talente ausbauen. Jede Aktivität, die ein
gewisses Training erfordert und voraussetzt, dass man sich
an neue Bewegungsabläufe gewöhnt und diese kontinuierlich
verbessert, eignet sich generell für den Klartraum. Ob dabei
Ihr voller Körpereinsatz gefragt ist, oder eher das nötige Fingerspitzengefühl verbessert werden soll, spielt keine Rolle.
Die Möglichkeit, seine Umgebung in ein geeignetes Trai-
ningsszenario zu verwandeln und sich Gegenstände wie die
benötigten Werkzeuge, Sportgeräte oder Musikinstrumente
herbeizuwünschen, hilft ebenfalls dabei, Klarträume in den
ultimativen Trainingssimulator zu verwandeln.

Sie sind bei Ihren Anstrengungen natürlich auch nicht auf
sich allein gestellt. Ein erträumter Partner wird Ihnen unermüdlich zur Seite stehen und sich wohl kaum darüber be-
schweren, dass Sie bereits seit einer Viertelstunde Ihren lin-
ken Aufwärtshaken an ihm trainieren.

Mein erstes Traum-Training

Wie eine geträumte Trainingseinheit im Detail aussehen
kann, möchte ich Ihnen anhand meiner eigenen ersten Versuche erzählen.

Alles begann damit, dass mich meine beste Freundin vor

133

einigen Jahren für die Nachtschicht bei einem großen Zulieferer der Automobilindustrie rekrutierte. Es handelte sich um monotone Fließbandarbeit, aber der Stundenlohn war sehr attraktiv. Die Aufgabe, die mir zugeteilt wurde, war denkbar einfach. Ich musste zwei Metallfedern in eine kleine Plastiknocke einspannen. Eine Aufgabe, für die anscheinend keine der unzähligen lauten Maschinen in der weitläufigen Werkshalle ausgelegt war. Dabei kam ich mir bereits nach einer knappen Stunde schon selbst wie ein Roboter vor, dessen Programmierung nur ein paar simple Bewegungen zuließ. Der Handgriff war nach kurzer Zeit gelernt und erforderte bald nur noch ein Minimum an Konzentration.

Mir wurde schnell klar, dass mich die ständige Wiederholung der Arbeitsschritte wohl früher oder später in meine Träume verfolgen würde. Da ich schon lange keinen Klartraum mehr gehabt hatte, beschloss ich, diese Chance zu nutzen und begann damit, immer wenn ich auf die Uhr sah oder eine Pause machte, Reality-Checks durchzuführen.

Nach der ersten Schicht räumte ich meinen Arbeitsplatz auf und zog die Bilanz der vergangenen acht Stunden. Ich hatte den gesamten Trägerwagen für die fertigen Teile mit den Früchten meiner Arbeit gefüllt und war ein bisschen stolz, schon am ersten Tag so produktiv gewesen zu sein. Dieses gute Gefühl war jedoch nicht von Dauer. Die nette Dame, die mich eingearbeitet hatte, wies mich freundlich darauf hin, dass ich nur etwa ein Drittel meines Richtsatzes erreicht hatte, machte mir aber Mut, dass ich nach ein paar Tagen Übung immer schneller werden würde. Eine derartige Steigerung schien zu diesem Zeitpunkt aber fast unmöglich, da ich bereits mein Bestes gegeben hatte, nicht zuletzt auch, um es meiner besten Freundin zu beweisen, die zuvor schon spekuliert hatte, dass ich vielleicht nicht für diese Art von Arbeit gemacht sei. Ich beschloss also kurzerhand, einen Satz Federn samt Plastiknocke «auszuleihen» und mir das Ganze zu Hause noch mal genauer anzuschauen.

Während ich im Bett lag und in Gedanken die erste Schicht in der ungewohnten Umgebung noch einmal verarbeitete, ging mir plötzlich ein Licht auf. Was sollte mich daran hindern, den nächsten Klartraum nicht einfach zu nutzen, um an meinem Fingerspitzengefühl zu arbeiten? Schließlich war die Chance ohnehin groß, dass, wenn es klappen sollte, er sich in den Werkshallen abspielen würde. Einen Versuch war es auf jeden Fall wert!

Ich schnappte mir also die entwendeten Materialien und studierte sie genau. Ich ertastete blind jeden Winkel der Einzelteile, prägte mir die Widerstandskraft der Federn ein und beobachtete zum Schluss noch einmal genau die Bewegungen meiner Hände beim Zusammensetzen. Sollte ich demnächst die Chance bekommen, in einem Klartraum an meinen Fähigkeiten zu arbeiten, wollte ich schließlich meinem Gehirn dabei helfen, ein möglichst realistisches Abbild der Gegenstände zu reproduzieren. Kurz vorm Einschlafen rief ich mir meinen Arbeitsplatz noch einmal bildlich ins Gedächtnis. Dabei wiederholte ich immer wieder den Gedanken «Wenn du das nächste Mal an diesem Ort bist, wird dir klar sein, dass du nur träumst!».

Ich wachte zwar mit der Erinnerung auf, im Traum unter den spöttischen Augen der gesamten Belegschaft schwitzend meine Arbeit verrichtet zu haben, von einer bewussten Trainingseinheit konnte man jedoch nicht sprechen. Ich wiederholte erneut kurz und knapp meine Vorbereitungen und fiel bald wieder zurück in einen tiefen Schlaf.

Diesmal sollte ich es auch tatsächlich schaffen, einen Reality-Check zu machen, als ich merkte, dass ich erneut von meiner Arbeit träumte, diesmal begleitet vom Gelächter meiner Freundin, die meine offensichtliche Unfähigkeit mit unheimlich kreativer Wortwahl verspottete. Ich stabilisierte mein Bewusstsein und war sofort überrascht, wie detailliert der Traum meinen Arbeitsplatz wiedergab. Ich ignorierte alles um mich herum und konzentrierte mich sofort auf mein Vorhaben. Gespannt griff ich nach dem Arbeitsmaterial und auch dieses hätte sich glücklicherweise nicht realistischer anfühlen können. Ich musste lachen, als mir der Gedanke «Was machst du hier eigentlich, dafür bezahlt dich keiner!» durch den Kopf schoss, aber war nun motiviert, herauszufinden, ob ich mich in der Zeit, die mir in meinem Traum gegönnt sein würde, verbessern könnte.

Ich experimentierte kurz mit ein paar neuen Techniken, merkte aber schnell, dass diese simple Aufgabe nicht viel Raum für Änderungen bot. Wenn ich mich also steigern wollte, blieb mir nur die ständige Wiederholung der bereits bekannten Arbeitsweise. Minuten fühlten sich währenddessen wie Stunden an, genau wie auch in der ersten Schicht, und ich war überrascht, dass ich den Klartraum lange aufrechterhalten konnte. Ich erinnerte mich zwar ständig daran, dass ich träumte, und machte den einen oder anderen Reality-Check, der größte Teil meiner Aufmerksamkeit galt jedoch den Bewegungsabläufen, die ich in einer außergewöhnlichen Klarheit beobachten und fühlen konnte.

Als ich aufwachte, erinnerte ich mich nicht mehr an den Zeitpunkt, an dem ich mein Bewusstsein über die Situation wieder verloren hatte. Ich wusste jedoch, dass ich anscheinend auch danach noch mein Training fortgesetzt hatte, da mich irgendwann wieder meine Arbeitskollegen umzingelten, um mich ungehindert weiter zu traktieren.

Nichtsdestotrotz sollte sich mein erstes Traum-Training schon bald als Erfolg herausstellen. Bereits in der nächsten Schicht schaffte ich es, meine Produktivität fast zu verdoppeln, und ich war regelrecht erschrocken, als ich nach einer kurzen Eingewöhnungsphase bereits einen deutlichen Geschwindigkeitszuwachs bemerkte. Nun kann man natürlich nicht mit Sicherheit sagen, ob das in erster Linie an meinem Klartraum lag, der zwar von langer Dauer war, aber trotzdem nur einen Bruchteil meiner gesammelten Erfahrung ausmachte. Schließlich trägt auch unser normaler Nachtschlaf dazu bei, das am Tag zuvor Gelernte zu verinnerlichen. Geschadet hat die zusätzliche, bewusste Auseinandersetzung mit der Arbeit jedoch offensichtlich nicht.

Eines hat mir diese Erfahrung eindeutig bewiesen: Selbst nach kürzester Zeit ist unser Gehirn bereits dazu imstande, sämtliche Details einer zuvor völlig fremden Situation derart realistisch zu simulieren, dass man sich selbst bei vollem Bewusstsein in einem Klartraum schwertut, einen großen Unterschied zu erkennen. Das gilt nicht nur für den optischen Eindruck, sondern auch für das gesamte Spektrum der Sinneswahrnehmung. Selbst die physikalischen Eigenschaften von extrem abstrakten Gegenständen, mit denen man erst kürzlich zum ersten Mal in Berührung gekommen ist, können täuschend echt wirken und realistische Funktionalität zeigen.

Ihr erstes Traum-Training

Mein Beispiel hat gezeigt, wie vielseitig und individuell die Möglichkeiten sind, motorische Fähigkeiten im Klartraum zu trainieren. Sobald es Ihnen also regelmäßig gelingt, Ihr Bewusstsein im Traum über einen längeren Zeitraum stabil zu halten, steht auch Ihrem ersten Traum-Training nichts mehr im Wege. Wenn Sie sich vornehmen, an einem Hobby oder der Sportart, die Sie bereits seit Jahren praktizieren, zu arbeiten, wird alles sogar noch ein ganzes Stück einfacher. Dann haben Sie nämlich schon eine sehr genaue Vorstellung davon, was zu tun ist, worauf es dabei ankommt und wie es sich anfühlt. Dieses Gerüst vereinfacht es enorm, im Traum eine brauchbare Situation zu schaffen, um ein effektives Training zu gestalten.

Der Ort, an dem sich Ihr Traum-Training abspielt, kann je nach Aktivität entweder von großer Bedeutung oder völlig irrelevant sein. In einem Traum stört es schließlich niemanden, wenn Sie das romantische Ambiente eines feinen Restaurants spontan dazu inspiriert, an Ihrer Hammerwurf-Technik zu arbeiten. Wenn Sie jedoch auf eine bestimmte Umgebung angewiesen sind, können Sie diesen wohlbekannten Ort detailgetreu in einen Klartraum integrieren. Dazu eignen sich ganz hervorragend die Technik der Trauminkubation oder die bereits besprochenen Tricks, um die Umgebung in einem bestehenden Klartraum zu verändern. Überlegen Sie aber zuvor immer erst, ob es überhaupt notwendig ist, diesen Aufwand zu betreiben.

Für die Bewegungsreize im Gehirn spielt es schließlich keine Rolle, ob Sie den Absprung beim Skifliegen von einer olympischen Schanze oder Ihrem Küchentisch trainieren. In der Regel bietet sich bei jeder Aktivität die Möglichkeit, zumindest einen Teil der nötigen Bewegungen nur mit dem Traumkörper allein zu trainieren. Eine geeignete Umgebung kann aber natürlich eine Menge Spaß bedeuten und damit nicht zuletzt auch für die nötige Motivation sorgen, den bewussten Traumzustand regelmäßig für das Training zu nutzen.

Es kommt in erster Linie darauf an, wie leicht es Ihnen fällt, an den gewünschten Ort zu gelangen. Sie müssen entscheiden, ob sich das Risiko lohnt, durch die entsprechenden Bemühungen zu viel Zeit zu verlieren oder gar aufzuwachen, bevor Sie überhaupt mit dem eigentlichen Training beginnen konnten.

Diese Entscheidung fällt schon leichter, wenn Sie bei Ihrem Training auf einen bestimmten Gegenstand angewiesen sind. Wenn Sie zum Beispiel Gitarre spielen und das Greifen von Akkorden trainieren wollen, können Sie dies zwar auch auf einem Besenstil oder der treuen Luftgitarre tun, da sich ein solcher Gegenstand jedoch meist wesentlich leichter in die Traumwelt «wünschen» lässt als die passende Konzerthalle, gefüllt mit kreischenden Fans, ist das in der Regel gar nicht nötig. Wie Sie einen Gegenstand in den Klartraum integrieren können, sollte ja bereits bekannt und erprobt sein. Wenn Sie den gewünschten Gegenstand bereits in- und auswendig kennen, sollte die Repräsentation im Traumzustand schon automatisch sehr detailgetreu und realistisch auf Sie wirken. Auch die volle Funktionalität ist in diesem Fall in der Regel gewährleistet. Wenn es sich, wie in meinem persönlichen Beispiel, um einen eher fremden Gegenstand handelt, sollten Sie ihn, so zeitnah wie möglich, vor dem Einschlafen noch einmal genauestens unter die Lupe nehmen, um eine brauchbare Reproduktion im Traum zu erhalten.

Bevor Sie mit dem Training beginnen, sollten Sie den Traum mit Hilfe der entsprechenden Maßnahmen ausreichend stabilisieren. Beginnen Sie erst dann mit der Übung, wenn Sie wirklich im Klartraum «angekommen» sind und ein entsprechendes Körpergefühl entwickelt haben. Auch während des Trainings ist es besonders wichtig, weiterhin auf Anzeichen dafür zu achten, dass der Traum Ihrem Bewusstsein zu entgleiten droht. Die nötige Konzentration auf die Bewegungsabläufe kann das Risiko deutlich erhöhen, aus dem Klartraum schnell wieder einen Trübtraum werden zu lassen und dies erst nach dem Aufwachen zu bemerken. Erinnern Sie sich also regelmäßig daran, dass Sie kein gewöhnliches Training absolvieren und zum Teil einen bewussten Beitrag dazu leisten müssen, dass es ungestört ablaufen kann. Mit wachsender Erfahrung wird Ihnen das aber immer leichter fallen und so bald weitaus produktivere, ausgedehnte Trainingseinheiten ermöglichen. Sie müssen also erst ein wenig das Trainieren trainieren, bevor Sie auch im wachen Leben einen deutlichen Effekt bemerken werden.

ACHT DINGE, DIE JEDER KLARTRÄUMER MAL AUSPROBIEREN SOLLTE

Wie schon oft gesagt, sind die Möglichkeiten des luziden Träumens praktisch unbegrenzt. Trotzdem kann es überraschend häufig dazu kommen, dass man einfach keine gute

Idee hat, wie man die wertvolle Klartraumzeit nun überhaupt nutzen soll. Ich möchte Ihnen deshalb abschließend noch ein paar Anregungen mit auf die Reise geben.

Jede Idee hat ihren eigenen Reiz und trägt dazu bei, die Traumwelt und ihre Regeln besser kennenzulernen. Was auch immer Sie ausprobieren möchten: Denken Sie immer daran, dass Sie sich schnell selbst sabotieren können, wenn Sie auch nur den geringsten Zweifel daran haben, dass Ihr Vorhaben erfolgreich sein wird.

1. Der Traum vom Fliegen

Der Traum vom Fliegen ist so alt wie die Menschheit. Die Gebrüder Wright haben uns diesen Traum zwar 1903 in gewisser Weise erfüllt, aber eben nur mittels eines genialen technischen Hilfsmittels. Seien wir mal ehrlich, wer heutzutage in ein Flugzeug steigt, erwartet kein Erlebnis grenzenloser Freiheit, sondern hofft auf ein paar Zentimeter davon zwischen Kniescheibe und Vordermann. Sich eigenständig frei wie ein Vogel durch die Lüfte zu bewegen, wird wohl für unabsehbare Zeit ein Traum bleiben. Glücklicherweise sind Sie in der Lage, diesen Traum nun bewusst auszuleben.

Ein ausgedehnter Flug durch die Traumwelt ist eine der schönsten Erfahrungen, die Sie als Klarträumer machen können. Es kommt nicht selten vor, dass gerade unter Anfängern der gesamte Klartraum dafür verwendet wird. Auch ich kann mich daran erinnern, zu Beginn meist alle Pläne über Bord geworfen zu haben, um einfach wieder dieses unbeschreibliche Gefühl zu spüren, das einen auf jedem Flug begleitet. Das liegt vor allem daran, dass man in der Regel nicht erst lernen muss, wie es funktioniert. In der Traumwelt erscheint es fast natürlicher, sich auf diese Art und Weise fortzubewegen. Allein der Gedanke daran, in Kombination mit einem gewünschten Ziel, sorgt oft bereits für den unvergesslichen Jungfernflug.

Das einzige Hindernis, das es manchmal zu überwinden gilt, ist wie so oft der fehlende Glaube daran, dass es überhaupt funktioniert. Um diese Blockade zu umgehen, kann es helfen, eine Bewegung oder Körperhaltung, die man bereits mit dem Fliegen in Verbindung bringt, auszuprobieren. Dazu kann man zum Beispiel die Arme wie Flügel benutzen, im Stile von Superman einen Arm mit geballter Faust über den Kopf ausstrecken oder Schwimmbewegungen machen, die man aus eigener Erfahrung bereits mit Fortbewegung assoziiert. Das kann dabei helfen, die bewusste oder unterbewusste Skepsis zu umgehen, die einem einredet, dass Fliegen unmöglich ist und man auf den Boden gehört.

2. Fragen stellen

Ein Traum kann jede Frage beantworten, die Sie ihm stellen. Auch wenn die Antworten manchmal keinen Sinn ergeben, sind sie trotzdem meist hochinteressant. Sie können Ihre Fragen entweder direkt in Gedanken stellen und abwarten, was passiert, oder einen Dialog mit einem beliebigen Gesprächspartner führen. Beides ist reizvoll und hat, je nach Fragestellung und gewünschter Antwort, Vor- und Nachteile.

Bei einer möglichst weit gefassten Frage ist dabei die Chance auf eine schlüssige Antwort größer. Sehr spezifische Formulierungen können zwar unter Umständen auch zu einem

Ergebnis führen, in den meisten Fällen kommt jedoch nur wenig Aufschlussreiches heraus. Sie müssen es auch nicht bei einer direkten Frage belassen. Sie können den Traum oder Ihren Gesprächspartner zum Beispiel auch einfach auffordern, Ihnen etwas Bestimmtes zu zeigen oder ein Problem zu lösen, das Sie beschäftigt.

Eine Situation mit genügend Spielraum, um Ihrem Unterbewusstsein eine Antwort zu erleichtern, könnte zum Beispiel in Form einer Sitzung beim Psychologen inszeniert werden. Sie weisen ihn darauf hin, dass Sie nun schon lange in Behandlung sind und gerne erfahren würden, wie er Ihren Allgemeinzustand einschätzt. Eine solche Situation verbinden wir automatisch mit einer bestimmten Erwartung an die Rolle des Psychologen. Das gibt dem Traum ein bereits vorhandenes Gerüst, um eine sinnvolle Reaktion zu produzieren.

Wenn Sie lieber etwas über die Welt Ihrer Träume erfahren möchten, funktioniert es zum Beispiel sehr gut, sich mit einem persönlichen Reiseführer zu treffen. Erwarten Sie von ihm, dass er sich perfekt in der Umgebung des Traums auskennt und Ihnen Dinge zeigen kann, die Sie noch nie zuvor gesehen oder erlebt haben. Stellen Sie seine Autorität nie in Frage und folgen Sie ihm einfach gespannt in das Abenteuer, das er für Sie persönlich geplant hat.

3. Freediving

Mit der Gewissheit, dass unser Körper während des Schlafes für die Atmung sorgt, bietet es sich in einem Traum natürlich an, auch die Unterwasserwelt mal genauer zu erforschen. Das ist zwar im wachen Leben ein deutlich greifbareres Ziel, als

143

eine Runde durch die Nachbarschaft zu fliegen, aber trotzdem definitiv einen Versuch wert. Man merkt dabei absolut keinen Unterschied zur Atmung an der Oberfläche. Man spürt allerdings meist ein realistisches Hautgefühl, den gewohnten Widerstand des Wassers und eine veränderte Sicht, die einer unter Wasser gefilmten Szene ähnelt.

Man kann sich entweder durch Schwimmen fortbewegen oder, ähnlich wie beim Fliegen, einfach in beliebigem Tempo durch das Wasser gleiten. Ich habe aber auch schon erfolgreich Delfine und Schildkröten als Wassertaxi rekrutiert. Besonders viel Spaß macht es, abwechselnd zu fliegen und wieder ins kalte Wasser abzutauchen. Das führt leider erfahrungsgemäß ziemlich schnell dazu, dass der Traum stark verschwimmt oder gar endet. Das Risiko nimmt man aber gerne in Kauf, wenn man einmal damit angefangen hat.

Da wir als Landtiere wesentlich weniger vertraut mit der Unterwasserwelt sind, kann sich ein weiterer, sehr interessanter Effekt bemerkbar machen. Unsere Phantasie füllt diese Wissenslücke nämlich oft automatisch mit wunderschönen, surrealen Eindrücken, von denen man am liebsten jedes Mal ein Foto mit ins wache Leben nehmen würde.

4. Multimediale Unterhaltung

Wir leben in einer Welt, die uns täglich mit einer ständig verfügbaren und wachsenden Informationsflut versorgt. Vom guten alten Buch bis hin zur Spielekonsole gibt es keinen Grund mehr, sich je zu langweilen. Das gilt auch für die Welt der Klarträume. Jedes Medium funktioniert dort wie immer nach völlig neuen Regeln, und es kann unheimlich interessant sein, mit diesen Eigenheiten zu experimentieren. Man wird nämlich entweder mit bekannten Inhalten konfrontiert, die in einem völlig neuen Licht erscheinen, oder kann beobachten, was die eigene Phantasie, mit oder ohne bewussten Einfluss, zu bieten hat. Die Erinnerung wurde auf diesem Wege ein Leben lang bereits mit einem derart breiten Spektrum an Geschichten, Impressionen und Informationen gefüttert, dass im Traum eine endlose Vielfalt entsteht.

Sie können eine Bücherei betreten, deren Regale gefüllt mit Ihren eigenen Werken sind. Jeder Fernsehsender ist wie für Sie gemacht, weil Sie selbst der Programmchef sind. Das Radio spielt Musik, die nur für Sie komponiert wurde. Google bleibt Google, generiert aber die Suchergebnisse aus der Datenbank Ihrer Erinnerung. Dabei können Sie jeweils entweder bewusst bestimmen, was Sie zu sehen bekommen, oder sich einfach mal überraschen lassen. Letzteres birgt allerdings die große Gefahr, dass Sie schnell zu sehr abgelenkt werden und das Bewusstsein über den Traum verlieren. Erinnern Sie sich also regelmäßig mit einem Reality-Check daran, dass Sie nicht wirklich auf Ihrer Couch sitzen und den Fernseher wie hypnotisiert anstarren.

5. Um die Häuser ziehen

Einer meiner liebsten Zeitvertreibe besteht darin, unbemerkt fremde Häuser zu betreten und die Bewohner dabei zu beobachten, wie sie ihrem Alltag nachgehen und interagieren. Oft schaue ich im Vorbeifliegen nur einen Moment durch das Fenster und mache mich gleich auf den Weg zum nächsten. Ein Hochhaus wird so zu einer unendlichen Quelle der Un-

145

terhaltung, da mich hinter jedem Fenster ein völlig neues Szenario erwartet. Manchmal bemerken mich die Bewohner und wollen mich verscheuchen. Ich flüchte dann immer mit einem Gefühl im Bauch, als wäre ich wieder im Kindergarten und jemand hätte mich beim Klingelstreich erwischt. Das mag im ersten Moment albern wirken, aber es bringt mich oft auf gute Ideen, die den weiteren Verlauf des Traums bestimmen.

6. In den Spiegel gucken

Träume können uns nicht nur den metaphorischen Spiegel vors Gesicht halten. Eine reflektierende Oberfläche wird in einem Klartraum zu einem vielseitigen Werkzeug. Zu Anfang aber direkt ein Wort der Warnung: Das eigene Spiegelbild hat in einem Traum oft nicht viel mit dem aus dem wachen Leben gemeinsam. Es wirkt manchmal derart verzerrt und entstellt, dass sich die Stimmung des Klartraums schlagartig ändern kann, und wenn man nicht darauf vorbereitet ist, erschreckt man sich eventuell so sehr, dass man sofort aufwacht. Auf der anderen Seite kann man aber in der Regel auch sehr positive Erfahrungen machen. Wenn Sie also nichts so schnell erschüttern kann, gibt es keinen Grund dafür, Spiegel im Traum zu meiden.

Ich habe gemerkt, dass mein Gemütszustand und die allgemeine Stimmung des Traums oft einen großen Einfluss darauf haben, was man zu sehen bekommt. Man kann sogar beobachten, wie sich das Abbild sofort verändert, wenn man verschiedene Gefühle und Gedanken darauf projiziert. Diese starke Wandelbarkeit eignet sich auch hervorragend dazu, den Traumkörper zu verändern und nach den eigenen Wünschen zu gestalten. Es war zum Beispiel für mich sehr motivierend zu sehen, wie ich mit ein paar Kilo weniger auf den Hüften aussehen würde. Eine weitere kuriose Eigenschaft ist die Beschaffenheit der Oberfläche, oder besser ihr Nichtvorhandensein. Meist greift man einfach in den Spiegel hinein, als wäre er Luft. Das kann zum Beispiel dabei helfen, sich Gegenstände herbeizuwünschen, indem man einfach mit der Erwartung, dort einen bestimmten Gegenstand zu finden, hinter den Spiegel greift.

Interessante Situationen entstehen auch, wenn man sich komplett auf die andere Seite begibt. Ohne eine Vermutung, was sich dahinter befindet, landet man so oft in sehr surrealen Welten. Das könnte daran liegen, dass man, anders als bei einer Tür, einfach keine Vorstellung haben kann, was sich hinter einem Spiegel befindet.

Mit ein wenig Mut und der Gewissheit, dass selbst ein noch so skurriles Ergebnis nur eine Reflexion der eigenen Psyche ist, können Spiegel nicht nur eine Menge Spaß bedeuten, sondern unter Umständen auch einiges über die eigene geistige Verfassung erzählen.

7. Essen und Trinken

Essen und Trinken als notwendiger Teil unseres wachen Lebens ist komischerweise das Letzte, woran man in einem Klartraum denken würde. Dabei sind Geschmack und Konsistenz von Lebensmitteln in der Traumwelt außergewöhnlich. Egal ob man in einen Apfel beißt oder sich ein dekadentes Festmahl herbeiwünscht, das Geschmackserlebnis ist derart

147

intensiv und idealisiert, wie es in der Realität nie möglich wäre. Besonders interessant wird es, wenn man etwas völlig Neues ausprobiert. Ich habe zum Beispiel in einem Klartraum zum ersten Mal Hummer, oder besser gesagt meine Vorstellung davon, gegessen. Die extrem hohe Erwartung aufgrund seines Status als Delikatesse hat einen undefinierbaren, derart vielschichtigen Geschmack produziert, dass ich es Monate später fast bereut hätte, den echten Hummergeschmack kennengelernt zu haben. Er war zwar überragend, aber nichts im Vergleich zu dem, was meine Erwartung mich zuvor im Traum hatte schmecken lassen.

Aus eigener Erfahrung weiß ich, dass Klarträume sogar bei einer Nahrungsumstellung helfen können. Seit einiger Zeit verzichte ich weitestgehend auf Kohlenhydrate, und der Heißhunger darauf war zu Beginn so groß, dass er mich bis in meine Träume verfolgte. Nächtelang stürmte ich reihenweise Bäckereien und Pizzerien und futterte mich durch das gesamte Angebot. Am Morgen darauf war trotzdem mein erster Gedanke, wie gut jetzt ein frisches Croissant schmecken würde. Ich begann damit, jedes Mal einen Reality-Check zu machen, wenn mich über den Tag verteilt meine Gelüste einholten, und schaffte es so, in zwei Nächten hintereinander zu merken, dass ich träumte. Ich genoss alles, wonach mir der Sinn stand, ohne ein schlechtes Gewissen haben zu müssen, und machte mir im Traum klar, dass die imaginären Kohlenhydrate, die nie meinen Magen erreichen sollten, so ziemlich den gleichen Nährwert haben wie die im wachen Leben. Das Einzige, was sie also noch attraktiv für mich machte, war der Geschmack, und den könnte ich jederzeit auch hier genießen, ohne die Konsequenzen tragen zu müssen. Diese Erkenntnis übertrug sich anscheinend sehr schnell auch in mein Unterbewusstsein, und der Heißhunger verschwand. Das muss zwar nicht zwangsläufig an den Klarträumen gelegen haben, aber es hat mir subjektiv auf jeden Fall sehr dabei geholfen, nicht wieder rückfällig zu werden.

8. Einfach mal beobachten

Der letzte Vorschlag, den ich Ihnen mit auf den Weg geben möchte, erscheint zunächst denkbar einfach: Versuchen Sie, in Ihrem nächsten Klartraum ausnahmsweise mal gar nichts zu tun. Selbst viele erfahrene Klarträumer haben sich das bisher entgehen lassen. Das liegt ganz einfach daran, dass man sein Bewusstsein fast automatisch nutzen möchte, um die Traumwelt in irgendeiner Form zu beeinflussen. Es gibt schließlich keinen Grund, die Macht und Kontrolle, die man sich so hart erarbeitet hat, willentlich wieder abzugeben. Wenn Sie es jedoch schaffen, genau dies zu tun, wird sich der Traumzustand bald in einer unvergleichbaren Intensität offenbaren. All Ihre Sinne beginnen Signale zu liefern, die kaum noch von denen im Wachzustand zu unterscheiden sind. Die Umgebung präsentiert sich plötzlich glasklar und detaillierter, als Sie es je für möglich gehalten hätten. Ihre Finger sind in der Lage, die kleinsten Nuancen zu ertasten. Geschmäcker und Gerüche werden überwältigend intensiv und die Geräuschkulisse unglaublich vielschichtig. Mit ein wenig Geduld verbinden sich all diese Komponenten in ein hyperrealistisches Gesamtbild, das Ihnen den Atem rauben wird.

Es mag zwar komisch klingen, aber lassen Sie mich nun erklären, was genau ich mit «nichts tun» meine. Stellen Sie sich vor, Sie befinden sich in Ihrem Traum auf einem riesigen, belebten Marktplatz. Die Sonne scheint, und die Menschen um Sie herum gehen unbehelligt ihren Geschäften nach. Sie haben den Traum erfolgreich stabilisiert, und es gibt nun so viel zu entdecken, dass Sie am liebsten gleich abheben würden, um sich einen besseren Überblick zu verschaffen. Sie sind jedoch nicht hier, um ein wildes Abenteuer zu erleben. Stattdessen setzen Sie sich an Ort und Stelle auf den Boden und machen sich klar, dass Sie alles um sich herum gefahrlos ignorieren können und fortan völlig isoliert vom restlichen Geschehen existieren. Sie beginnen damit, Ihre Umgebung zu betrachten, und richten dabei Ihre Aufmerksamkeit und Gedanken auf die Details, denen Sie sonst keine Beachtung geschenkt hätten. Sie ertasten die Beschaffenheit des Bodens, betrachten die verschiedenen Waren, die an den Verkaufsständen angeboten werden, und studieren die Vielfalt der Blumen, die den Marktplatz zieren. Sie nehmen den Geruch der exotischen Gerichte, die um Sie herum zubereitet werden, in sich auf und hören aufmerksam dem Wind zu, der die Blätter in den Bäumen zum Rascheln bringt. Sie lassen sich von nichts und niemandem ablenken. Ihre Konzentration gilt einzig und allein den trivialen Details der Traumwelt, die Sie versuchen, mit allen Sinnen zu verinnerlichen. Nach einer Weile stellen Sie fest, dass sich die Qualität Ihrer Wahrnehmung drastisch verändert hat. Sie sind nun bereit, Ihren Traum in einem nie zuvor erlebten Realismus zu erforschen.

Ich hoffe, es ist deutlich geworden, worauf es bei diesem Experiment ankommt. Ihr Bewusstsein, das sonst die Handlung des Traums bestimmt oder zumindest daran teilnimmt, muss in diesem Fall restlos auf die passive Wahrnehmung der Umgebung konzentriert sein. Der Traum wird oft sein Bestes tun, um Sie davon abzubringen und wieder in das Geschehen zu integrieren. Egal in welcher Form diese Ablenkungsmanöver sich ereignen, Sie müssen sie ignorieren und zu jeder Zeit davon überzeugt bleiben, dass Sie unantastbar sind. In der Regel werden Ihre Sinne mit ausreichend Informationen gefüttert, sodass ein Reality-Check oder traumstabilisierende Maßnahmen nur in Ausnahmefällen nötig sein sollten. Viel sinnvoller ist es in dieser Situation, sich ständig in Gedanken zu versichern, dass man die eigene Traumwelt betrachtet, um zu verhindern, das Bewusstsein darüber zu verlieren. Sie werden aber merken, dass Sie viele der hier beschriebenen Verhaltensregeln schon beim ersten Versuch automatisch einhalten, sobald Sie die Entscheidung getroffen haben, diesmal das Gerüst der Traumwelt als solches zu erforschen, anstelle sich in das Geschehen einzumischen.

NACHWORT

Wenn Sie mich heute fragen würden, was ich nach unzähligen Klarträumen gelernt habe, antworte ich ohne zu zögern mit einem einzigen Wort darauf – Staunen.

Jedes Produkt des menschlichen Intellektes, von der Erfindung des Rades bis hin zu gigantischen Teilchenbeschleunigern, ist letzten Endes nur auf das Potenzial von etwa drei Pfund gräulichem Nervengewebe, das zwischen unseren Ohren schwimmt, zurückzuführen. In einem Klartraum verdichtet sich dieses abstrakte Potenzial schlagartig zu einer spürbaren Erfahrung, wenn klar wird, dass eine völlig fremde und dennoch unglaublich realistische Welt gerade einzig und allein der eigenen Vorstellungskraft entspringt. Es vergeht kein Klartraum, in dem ich mich nicht wenigstens einen Augenblick lang aufs Neue in tiefes Staunen über diese Erkenntnis verliere. Wenn es Ihnen gelingt, diese einzigartige Erfahrung zu machen, und ich glaube, dass es jedem Menschen möglich ist, werden Sie verstehen, was ich meine. In diesem Sinne wünsche ich Ihnen viel Erfolg und hellwache Träume.

LITERATUR

Castaneda, Carlos: Die Kunst des Träumens – Frankfurt am
Main 2011 (6. Auflage)

Faraday, Ann: Dream Power – New York 1997

Green, Celia: Träume bewußt steuern. Über das Paradox vom
Wachsein im Schlaf – Frankfurt am Main 1998

Holzinger, Brigitte: Der luzide Traum: Phänomenologie und
Physiologie – Wien 1997 (2. Auflage)

LaBerge, Stephen: Lucid Dreaming – Los Angeles 1985

LaBerge, Stephen: Hellwach im Traum – München 1991

LaBerge, Stephen: Exploring the World of Lucid Dreaming –
New York 1994

Norbu, Namkhai; Katz, Michael; Eggert, Jochen: Traum-Yoga:
der tibetische Weg zu Klarheit und Selbsterkenntnis –
Frankfurt 1998

Osho: Das Buch der Geheimnisse: 112 Meditations-Techniken
zur Entdeckung der inneren Wahrheit – Göttingen 2009
(2. Auflage)

Saint-Denys, Léon Hervey de; Schatzman, Morton: Dreams
and how to guide them – London 1982

Tholey, Paul: Schöpferisch träumen. Wie Sie im Schlaf das Leben meistern: Der Klartraum als Lebenshilfe – Magdeburg
2000 (5. Auflage)

van der Eijk, Philippus Johannes: Aristoteles: über Träume, über die Weissagung im Schlaf – Leiden 1991

Waggoner, Robert: Lucid Dreaming: Gateway to the Inner Self – Needham 2008

Zittel, Claus: Theatrum philosophicum: Descartes und die Rolle ästhetischer Formen in der Wissenschaft – Wissenskultur und Gesellschaftlicher Wandel, Band 22 – Berlin 2009 (1. Auflage)

Zeitschriften

Killingsworth, Matthew A.; Gilbert, Daniel T.: A Wandering Mind Is an Unhappy Mind, in: Science, 12. November 2010, Vol. 330

van Eeden, Frederik: A Study of Dreams, in: Proceedings of the Society for Psychical Research, Vol. 26, 1913, S. 431–461

Internetquellen

Erlacher, Daniel: Motorisches Lernen im luziden Traum: Phänomenologische und experimentelle Betrachtungen – Dissertation. Institut für Sport und Sportwissenschaft, Heidelberg 2005 – URL: ub.uni-heidelberg.de/archiv/5896

Voss, Ursula: Lucid dreaming: a state of consciousness with features of both waking and non-lucid dreaming – SLEEP 2009;32(9) – URL: ncbi.nlm.nih.gov/pmc/articles/PMC2737577/

Oliver Sacks
Drachen, Doppelgänger und Dämonen

Über Menschen mit Halluzinationen

Was geschieht in unserem Kopf, wenn wir – ohne es zu wollen – phantastische Geschichten wahrnehmen oder Muster und Gestalten sehen? Wodurch unterscheiden sich solche Halluzinationen von realen Erfahrungen oder von Träumen? Oliver Sacks beschreibt lauter seltsame, anrührende, rätselhafte und verstörende Fälle, ohne dass er das Abweichende negativ bewertet. Sein Buch ist eine abenteuerliche Reise durch die Bilderwerkstatt unseres Gehirns und ein neuerlicher Beweis seiner großen Erzählkunst.

352 Seiten

«Oliver Sacks beweist, dass die Medizin sowohl eine Kunst als auch eine Wissenschaft ist.»

Siri Hustvedt

Weitere Informationen finden Sie unter www.rowohlt.de

Das für dieses Buch verwendete Papier ist FSC®-zertifiziert.